环境司法文库　　　　　　　　王树义　王旭光　主编

国家2011计划司法文明协同创新中心
最高人民法院环境资源司法理论研究基地（武汉大学）

# 现代环境警察制度研究
## On the Modern Environmental Police System

邢捷　著

中国社会科学出版社

图书在版编目(CIP)数据

现代环境警察制度研究 / 邢捷著. —北京：中国社会科学出版社, 2020.3

（环境司法文库）

ISBN 978-7-5203-5437-0

Ⅰ.①现… Ⅱ.①邢… Ⅲ.①环境保护法—研究—中国 Ⅳ.①D922.680.4

中国版本图书馆 CIP 数据核字（2019）第 245501 号

| | | |
|---|---|---|
| 出 版 人 | 赵剑英 | |
| 责任编辑 | 梁剑琴 | |
| 责任校对 | 季　静 | |
| 责任印制 | 郝美娜 | |

| | | |
|---|---|---|
| 出　　版 | 中国社会科学出版社 | |
| 社　　址 | 北京鼓楼西大街甲 158 号 | |
| 邮　　编 | 100720 | |
| 网　　址 | http://www.csspw.cn | |
| 发 行 部 | 010-84083685 | |
| 门 市 部 | 010-84029450 | |
| 经　　销 | 新华书店及其他书店 | |

| | | |
|---|---|---|
| 印　　刷 | 北京君升印刷有限公司 | |
| 装　　订 | 廊坊市广阳区广增装订厂 | |
| 版　　次 | 2020 年 3 月第 1 版 | |
| 印　　次 | 2020 年 3 月第 1 次印刷 | |

| | | |
|---|---|---|
| 开　　本 | 710×1000　1/16 | |
| 印　　张 | 12.25 | |
| 插　　页 | 2 | |
| 字　　数 | 210 千字 | |
| 定　　价 | 68.00 元 | |

凡购买中国社会科学出版社图书，如有质量问题请与本社营销中心联系调换

电话：010-84083683

版权所有　侵权必究

# 总　　序

　　司法是适用或执行法律的活动，随法律的产生而产生，亦随法律的变化而变化，呈动态的过程。

　　我国的环境司法是二十世纪七十年代末八十年代初，随着我国环境立法的产生而出现的一种司法现象，至今只有短短三十余年的历史。历史虽短，但发展很快，新问题也很多，例如环境司法专门化、环境公益诉讼、环境权利的可诉性、环境案件的受案范围、审理程序、"三审合一"、跨区域管辖、气候变化诉讼、证据规则、生态性司法、环境法律责任的实现方式、环境诉讼中的科学证据、专家证人等。这些问题几乎都是近十年来逐渐出现的，并且还在不断产生，亟待环境法学理论界和环境法律实务界的关注和深入研究。

　　国家 2011 计划司法文明协同创新中心是 2013 年经教育部和财政部批准设立的一个学术研究协同创新平台，中国政法大学为协同创新中心的牵头高校，武汉大学、吉林大学和浙江大学为主要协同高校。其他协同单位还有最高人民法院、最高人民检察院、中国法学会、中华全国律师协会等。协同创新中心担负五大任务，即探索科学的司法理论，研究构建先进的司法制度，促进司法的规范运作，培养卓越的司法人才，培育理性的司法文化。协同创新中心的活动宗旨和历史使命是，促进我国司法的文明化进程，加强我国司法文明的软实力，助力法治中国建设，提升我国司法文明在当代世界文明体系中的认同度和话语权。环境司法和环境司法文明是我国司法和司法文明的一个重要组成部分，尤其在用严密的环境法治和最严格的环境法律制度推进和保障生态文明建设的今天，显得更为重要。因此，环境司法的理论、实践和文明发展，无疑是司法文明协同创新中心关注的重点。

　　最高人民法院环境资源司法理论研究基地（武汉大学）是最高人民法院在武汉大学设立的一个专门从事环境资源司法理论研究的机构，研究范围包括中外环境司法理念、理论、环境司法制度、环境司法运行、环境司法改革以及环境司法文化等。

  国家 2011 司法文明协同创新中心和最高人民法院环境资源司法理论研究基地（武汉大学）共同推出的《环境司法文库》，旨在建立一个专门的学术平台，鼓励和促进环境司法问题研究。《环境司法文库》向国内外所有专家、学者和司法实务工作者开放，每年推出数本有新意、有理论深度、有学术分量的专著、译著和编著。恳请各位专家、学者、司法实务工作者不吝赐稿。让我们共同努力，为我国环境司法的健康发展，为环境司法文明建设作出力所能及的贡献。

国家 2011 计划司法文明协同创新中心联席主任<br>
最高人民法院环境资源司法理论研究基地（武汉大学）主任<br>
王树义<br>
2016 年 6 月 16 日

# 内容摘要

环境警察制度通常是指环境警察机关及其环境警察在法定职责范围内，运用警察权对在环境与资源保护领域的违法行为实施制裁、对犯罪行为进行侦查的一系列法律制度的总称。一个国家环境警察制度的建立是该国经济社会及环境保护发展到一定水平的必然结果。建立和实施环境警察制度是为了遏制日益严重的破坏环境与资源保护的违法犯罪行为而采取的重要举措。

现代环境警察制度研究，从探察和论证现代警察机关环境保护功能开始，结合国家环境治理之大势，提出警察执法生态化是现代警察机关环境保护功能的升华，也必将成为环境警察制度构建的基础。但由于我国警察涉及环境执法的立法较为分散，加之确立环境警察制度的立法付之阙如，由此引发人们对警察机关及警察权介入环境保护的隐忧。本书从环境警察制度构建的理论基础，以及国内外相关制度创设及具体实践着手展开探讨。

从警察的起源、警察机关的基本功能与特有功能看，现代警察机关及警察权在国家环境保护中扮演着区别于其他主体及公权力的特殊角色。即现代警察机关凭借警察权的强制性功能，抑制环境违法与犯罪，维护环境安全与秩序。现代警察机关的任务与环境安全、秩序及公民权利保障密切相关。从历史上看，我国警察机关的环境保护功能可以追溯到清朝末年近现代警察的初创时期。只是它随着时代的变迁而变化，在不同的历史背景下体现着功能的差异性，经历了从萌芽到逐步发展的过程。

当今社会，随着我国大力推进国家治理体系和治理能力现代化，站在国家生态治理的高度，建设生态文明社会，应当发挥警察机关的作用。我国警察机关的任务与国家环境保护相互关联。随着国家安全观的演进，警察机关须将维护国家生态环境安全纳入维护国家安全的视野。同时维护环境秩序也应成为维护公共秩序的重要组成部分，并与社会治安秩序的维护密切相关。在环境保护中利用警察机关自身执法特点，可以发挥警察权在环境保护中难以取代的积极作用。警察权的生态化是现代警察机关环境保护功能的进一步升华。它是我国警务发展的一种趋势，是伴随国家生态文明建设，为保护生态环境而所做出的时代变革。具体表现在警察权的价值取向、权力的行使主体、权力的配置以至运行等诸多方面。警察执法生态化是当代国家环境治理现代化的重要体现，是生态化理念向警察执法领域渗透与延伸的结果。其目的在于保卫国家环境安全、维护环境秩序以及保护公民的环境权。

本书还对我国警察机关环境执法的实践及国外警察权在环境执法中的行使状况进行了考察。对我国警察环境执法中的现实状况与问题进行了剖析，分析了取得的成果及存在的问题，特别是对我国部分地方环境警察队伍试建情况及发挥的成效进行了分析，发现亟待解决的问题，提出了解决相关问题的思考。与此同时，还介绍了美国、欧洲国家、俄罗斯以及一些发展中国家运用警察权实施环境执法的状况。从中可见，基于不同的国家结构形式、历史发展背景以及经济发展与环境保护状况，各国在环境警察体制、职责及执法手段上呈现出了不同的特点。然而，无论是欧美、俄罗斯还是发展中国家，警察权都在环境保护中发挥着积极的作用。这也给我国发挥警察权在环境保护中的作用，建立我国环境警察制度提供了有益的启示。

建构我国环境警察制度是本书的最终归宿。在对警察机关环境保护功能理论与实践研究、考察的基础上，提出构建我国环境警察制度。首先探讨了环境警察制度的本质。认为环境警察制度是一个历史范畴、一个关系范畴、一种规范范畴。进而对环境警察制度的客观性与主观性加以论述。探讨了环境警察制度在现代社会条件下建立的客观必然性，以及相对于其他制度的客观独立性。研究了环境警察制度的可选择性与可设计性。进而从制度宗旨到基本原则，从执法主体的设置模式到执法机制的运行以及执法监督等方面，提出我国环境警察制度的初步构想。环境警察制度在我国生态环境监管体制中不可或缺，警察机关及警察权在国家环境治理中的作用无以替代，环境警察制度也是环境司法专门化的重要组成部分，在生态环境涉稳风险防控中扮演着重要角色。

**关键词**：现代警察机关；生态环境治理；警察权；警察执法生态化

# 目　录

绪言　环境警察制度——生态环境安全的压舱石 …………………（1）
第一章　现代环境警察制度确立的理论基础 ……………………（5）
　第一节　警察、警察权的功能与生态环境保护 ………………（5）
　　一　从警察的起源看警察的功能 …………………………（5）
　　二　现代警察机关及警察权的特有功能 …………………（8）
　　三　政府环境保护职能（环境管制）与警察权 ……………（10）
　　四　现代警察机关是国家环境保护义务的法定承担者之一 …（11）
　第二节　警察权在环境执法中的正当性 ………………………（13）
　　一　国家安全观的演进与警察机关的任务 ………………（13）
　　二　维护环境生态秩序——现代警察机关任务的拓展 …（16）
　　三　维护公民环境权是保护公民合法权利的应有之义 …（17）
　　四　对警察权实施忧虑的回应 ……………………………（22）
　第三节　生态文明建设与警察执法生态化 ……………………（24）
　　一　生态文明建设有着对刚性执法的需求 ………………（25）
　　二　生态文明建设背景下警察执法的生态化趋势 ………（31）
　　三　警察执法生态化的表现 ………………………………（33）
　第四节　环境警察制度的核心——环境警察权 ………………（36）
　　一　环境警察权的概念及构成要素 ………………………（36）
　　二　环境警察权的渊源与配置 ……………………………（37）

第二章　环境警察制度的内涵与本质 ……………………………（41）
　第一节　环境警察制度的内涵、本质 …………………………（41）
　　一　环境警察制度的内涵 …………………………………（41）
　　二　环境警察制度的本质 …………………………………（42）
　第二节　现代环境警察制度的客观性与主观性 ………………（43）
　　一　现代环境警察制度的客观性 …………………………（43）

二　现代环境警察制度的主观性 ……………………………… (47)
第三章　环境警察制度的历史考察 ……………………………………… (51)
　第一节　近现代警察机关环境保护职能的萌芽 ………………………… (51)
　　一　环境保护功能的萌芽：中国最早的警察机构——湖南
　　　　保卫局时期 …………………………………………………… (51)
　　二　环保功能的渐进增加：清末的警察机构——巡警
　　　　部时期 ………………………………………………………… (52)
　第二节　民国时期旧政府警察机关的环境保护功能的拓展 ………… (53)
　　一　环保功能的延续与加强：民国初期——内政部
　　　　警政司时期 …………………………………………………… (53)
　　二　环保功能的持续扩大与增强：民国中后期——全国
　　　　警察总署时期 ………………………………………………… (54)
　第三节　解放区时期警察机关的环境保护职能 ……………………… (57)
　第四节　新中国成立后警察机关的环境保护职能及变迁 …………… (58)
第四章　域外环境执法中警察权的行使及启示 ………………………… (61)
　第一节　西方发达国家警察权在环境保护中的行使 ………………… (61)
　　一　美国环保署的警察权行使与地方环境警察 ……………… (61)
　　二　欧洲主要国家环境监管中警察权的行使 ………………… (69)
　第二节　俄罗斯及有关发展中国家环境保护中警察权的行使 …… (74)
　　一　俄罗斯生态警察的强势执法 ……………………………… (75)
　　二　有关发展中国家环境警察发展方兴未艾 ………………… (76)
　第三节　域外国家环境保护中警察权行使对我国的启示 …………… (79)
　　一　警察机关在获得情报与数据上具有得天独厚的优势 …… (79)
　　二　警察机关的介入避免了打击环境违法与犯罪的责任
　　　　分散 …………………………………………………………… (79)
　　三　可以借助国际警务合作机制提升打击环境犯罪的
　　　　优先等级 ……………………………………………………… (79)
　　四　基于各自国情环境警察体制、职责及执法手段上
　　　　特点纷呈 ……………………………………………………… (81)
第五章　我国环境警察制度的实践探索 ………………………………… (83)
　第一节　我国生态环境法治建设的基本状况与警察执法依据 …… (83)
　　一　我国的生态环境法治发展与公安执法 …………………… (83)

## 目录

二　公安机关主要执法依据 …………………………………… (84)
第二节　我国当前公安机关生态安全执法的总体状况 ……… (86)
一　地方公安机关环境警察队伍的试建及其作用发挥 …… (86)
二　行业公安机关的环境执法——以森林公安环境执法
　　为代表 ………………………………………………… (94)
三　环境警察机制运行所取得的初步成果 ……………… (95)
第三节　环境警察执法实践中有待解决的问题 ……………… (101)
一　法律支撑不够 ………………………………………… (101)
二　现有的法律规定部分缺乏可操作性 ………………… (102)
三　取证难，取证成本高 ………………………………… (103)
四　现有办案程序规定与环境案件办理需要不适应 …… (104)
五　对环境违法犯罪打击及时性不强，执法力量相对
　　薄弱 …………………………………………………… (104)
第四节　现实状况与问题带来的思考 ………………………… (104)
一　树立公安机关及人民警察生态环境保护意识 ……… (105)
二　提升执法主体依法履职能力 ………………………… (105)
三　注重现有执法依据的完善及可操作性 ……………… (106)
四　完善环境警察执法制度机制，实现执法队伍专业化 … (108)
五　深化环境警察执法信息化建设，实现执法流程
　　信息化 ………………………………………………… (109)
六　打造"阳光执法"突出办案质量 …………………… (110)
七　探索创新生态安全执法的新模式 …………………… (110)
八　加强综合保障，实现执法行为标准化 ……………… (111)

**第六章　现代环境警察制度本土化构建总体思路** ……………… (112)
第一节　我国环境警察制度的定位 …………………………… (112)
一　环境警察制度在我国环境监管中的基本定位 ……… (112)
二　环境警察制度在环境司法中的定位 ………………… (114)
三　环境警察制度在执法功能上的定位 ………………… (115)
第二节　我国环境警察制度的设计思路与宗旨 ……………… (117)
一　环境警察制度设计的基本思路与考量 ……………… (117)
二　我国环境警察制度创设的宗旨 ……………………… (120)
第三节　我国环境警察制度的基本原则 ……………………… (121)

一　保卫生态环境安全原则 ……………………………………（121）
　　二　依法行使环境警察权的原则 ………………………………（122）
　　三　禁止过度原则 ………………………………………………（122）
　　四　环境突发危害应急原则 ……………………………………（123）
**第七章　现代环境警察制度本土化之体制构建** …………………（124）
　第一节　我国环境警察的设置模式 ………………………………（124）
　　一　生态环境部门主导模式 ……………………………………（125）
　　二　公安机关主导模式 …………………………………………（125）
　　三　联动协作模式 ………………………………………………（126）
　　四　由森林公安整建制转为生态环境警察 ……………………（127）
　第二节　环境警察的职责与执法手段 ……………………………（129）
　　一　环境警察的职责与权限 ……………………………………（130）
　　二　环境警察的执法手段 ………………………………………（131）
　第三节　环境警察执法装备 ………………………………………（133）
　　一　环境警察执法装备配备原则 ………………………………（133）
　　二　环境警察执法装备配备项目 ………………………………（134）
　　三　环境警察执法装备配备类型与方式 ………………………（135）
**第八章　现代环境警察制度本土化之执法机制构建** ……………（136）
　第一节　环境警察执法机制概述 …………………………………（136）
　　一　环境警察执法机制与制度、体制的关系 …………………（136）
　　二　环境警察执法机制构造 ……………………………………（137）
　第二节　环境警察权运行机制 ……………………………………（139）
　　一　我国环境警察的职责与权限 ………………………………（139）
　　二　环境警察执法的主要制度 …………………………………（140）
　　三　环境警察主管案件的范围 …………………………………（145）
　　四　环境警察执法办案程序 ……………………………………（146）
　第三节　环境警察执法外部协调机制 ……………………………（147）
　　一　联席会议制度 ………………………………………………（147）
　　二　联络员制度 …………………………………………………（148）
　　三　联动执法机制 ………………………………………………（148）
　　四　案件移送机制 ………………………………………………（149）
　　五　重大案件会商和督办机制 …………………………………（150）

六　信息共享机制 …………………………………………（150）
　　七　奖惩机制 ……………………………………………（150）
　　八　定期培训机制 ………………………………………（151）
　第四节　对环境警察权运行的监督机制 ……………………（151）
　　一　监督的方式与途径 …………………………………（152）
　　二　确立环境警察执法责任制 …………………………（153）

**第九章　环境警察与涉稳生态安全风险防控法治实务** ……（155）
　第一节　环境警察与涉稳生态安全风险防控概述 …………（155）
　　一　涉稳生态环境安全风险防控背景与意义 …………（155）
　　二　我国生态环境涉稳风险的风险源种类 ……………（157）
　第二节　几个案例的思考与启示 ……………………………（158）
　　一　污染环境案件 ………………………………………（158）
　　二　破坏资源案件 ………………………………………（169）

**结语　在国家治理中探寻一条护卫环境安全与秩序的路** …（175）

**参考文献** ………………………………………………………（176）

**后记** ……………………………………………………………（181）

# 绪言　环境警察制度——生态环境安全的压舱石

在当今社会发展中，环境污染与资源破坏对生态环境安全已构成了现实威胁，进而影响到我国生态文明建设与国家长远发展。习近平同志在关于保护生态环境的重要论述中曾经强调，保护生态环境必须依靠制度、依靠法治。这深刻揭示了只有实行法治，实施最严格的环境保护制度才能为生态文明建设提供可靠保障。制度建设是推进生态文明建设的重要一环。实行最严格的环境保护制度，其内涵包括了建设完善的环境法律制度，制定严格的环境标准，培养专业的执法队伍，采取行之有效的执法手段，等等。现代环境警察制度是最严格环境保护制度的体现和重要组成部分。它的建立对于维护国家环境秩序，保卫国家生态环境安全，震慑、遏制破坏环境与资源保护的违法犯罪行为具有不可替代的作用。

环境警察制度是指依法享有警察权的主体在法定职责范围内，运用警察权对在环境与资源保护领域违法行为实施制裁、对犯罪行为进行侦查的一系列法律制度的总称。在生态环境监管领域中行使的警察权，又称环境警察权。它是执行有关生态环境保护法律规范，制止、制裁环境违法行为，侦查、打击破坏环境资源保护的犯罪行为的权力。环境警察制度作为一种综合性的法律制度，既包含了环境警察行政执法的制度，也包含了环境警察打击破坏环境资源保护犯罪的刑事法律制度。而在这其中，打击破坏环境资源保护犯罪的刑事执法占据了主要部分。行使警察权的主体，通常是公安机关，从维护国家生态安全与秩序出发，运用警察权对危害生态环境安全、有碍生态环境秩序的社会成员实施制裁，保卫国家、公民环境利益。具体体现为环境警察代表国家对破坏环境安全，触犯环境保护法、治安管理法，特别是触犯刑律的当事人依法进行制裁。从法理与现实的角度看，环境安全保卫法律关系其性质主要体现为涉及环境安全的刑事法律关系及环境、治安行政法律关系。

笔者认为，环境警察制度是因应我国当前以至未来相当长时期生态环境保护及生态文明建设这一历史时期要求的必然结果。建立环境警察制度乃是历史与时代的选择。一个国家环境警察制度的建立是该国全社会环境保护意识发展到一定水平的必然结果。生态环境保护理念是一定生态环境保护制度得以产生的观念先导，坚持可持续发展的思想，切实维护公民的环境权益是环境警察制度赖以产生和存在的基本价值。它是应对我国发展中严峻的环境现实，积极控制和化解环境风险的需要。在现实中，由于环境违法犯罪行为的存在，造成一定范围内的环境严重污染、生态资源受到严重破坏，环境风险加剧。而环境风险的防控，除采取多种科学防控措施以外，加强环境执法也是其中重要举措之一。2016年3月发布的国家"十三五"规划纲要中，明确了提出了加快改善生态环境，加大环境综合治理力度。强调创新环境治理理念和方式，实行最严格的环境保护制度，强化排污者主体责任，形成政府、企业、公众共治的环境治理体系，实现环境质量总体改善。通过环境警察对环境违法与犯罪行为实施有效打击，也是政府提供公共产品与服务的体现，有利于维护人民群众环境权益，促进社会和谐稳定。因此，加强环境警察执法，对于维护我国生态环境法律法规的权威性，保障社会公众环境权益均具有重要意义。

2014—2017年，公安部连续三年部署开展打击环境污染犯罪"清水蓝天"行动。各地公安机关立足法定职责，坚持刑事打击和行政查处相结合、主动出击和部门联动相结合、整治问题与机制建设相结合，持续深入推进"清水蓝天"行动，取得了明显成效。全国各类环境犯罪刑事案件立案5270起，破案4342起；抓获犯罪嫌疑人8167人，刑事拘留5713人，批准逮捕1699人，移送起诉4287人；查处环境污染治安案件4646起，治安拘留4457人，污染环境案件侦办数量、质量都有很大提升。在侦查实践中，各地侦办了一批跨地区、团伙化、危害大的污染环境案件，如，江苏、陕西、河北等地公安机关打击非法排污、非法处置危险废物等行业"潜规则"犯罪，查破了上海万吨垃圾偷倒太湖案、西安"3·5"监测数据造假案件、邯郸县武某等人污染环境案等一批重特大案件，有力震慑了环境犯罪，产生了良好的社会效果。近年来，公安部组织各地公安机关积极会同有关部门共同发力，重拳出击，年均破获各类环境犯罪案件8000余起。其中，公安部统一组织指挥侦破了河北无极非法倾倒工业废液致5人死亡案、上海万吨垃圾偷倒太湖案、安徽铜陵万吨固体废物倾倒长江系列案等一系列重大案件，有力打击了污染破坏生态环境违法犯罪分子的嚣张气焰。①

公安机关总结打击非法贩运销固体废物、重金属、逃避监管排污、涉及大气环境污染犯罪技战法，制定环境犯罪案件证据指引，逐步健全完善了一些长效工作机制。一方面，加强公安机关内部的工作机制，如《河北省公安机关环境安全保卫刑事特情工作规范（暂行）》，健全完善情报分析研判机制，推进情报信息综合应用。《重庆市公安机关环境污染刑事案件现场勘验检查指南（暂行）》，有力提升了公安机关在办理环境污染刑事案件中的取证、固证能力。福建关于加强打击污染环境违法犯罪工作的通知，梳理明确行刑衔接等工作机制。山东对做好环境领域重大敏感案事件和紧急敏感信息报告工作提出明确要求。河北、辽宁、重庆等公安机关推动创新公安环境安全保卫区域协作模式，签订《关于打击环境污染犯罪协作机制备忘录》。另一方面，加强部门间协作配合。原环境保护部、公安部和最高人民检察院为统一法律适用，制定《环境保护行政执法与刑事司法衔接工作办法》，健全完善线索通报、案件移送、资源共享和信息发布等环境保护行政执法与刑事司法衔接工作机制以及双向案件咨询制度。扭转"环保不立案、公安不受案"的被动局面，形成打击环境污染犯罪的整体合力。

各地落实"公安机关要明确机构和人员负责查处环境犯罪，对涉嫌构成环境犯罪的，要及时依法立案侦查"，逐步推进环境犯罪侦查专门队伍建设。专门打击环境污染犯罪环境警察机构的组建、扩大，改变了公安机关在打击环境犯罪上专业性不强、警力不足，打击力度不够、震慑力不强的局面。全国公安机关认真学习贯彻习近平总书记在2018年全国生态环境保护大会上的重要讲话精神，强化责任使命担当，公安民警积极主动作为，继续会同生态环境等有关部门依法持续深化整治打击，震慑各类污染环境违法犯罪活动，着力解决损害群众环境利益的突出问题，化解生态安全风险，切实维护良好的生态环境。

"生态兴则文明兴，生态衰则文明衰。"习近平生态文明思想既是对社会发展变迁的历史反思，也是对当今世界发展变化的现实写照。生态文

---

① 公安部：《全国公安机关重拳打击污染环境违法犯罪》，http：//www.gov.cn/xinwen/2018-06/06/content_ 5296498.htm。

明建设在中国特色社会主义"五位一体"总体布局和"四个全面"战略布局中的重要地位，体现了国家发展理念和方式的深刻转变，更是执政理念和方式的深刻变革。当今，绿色发展理念在全社会已达成广泛共识。建设生态文明，要靠全社会共同努力，多方参与，齐抓共治。保护生态环境必须依靠制度、依靠法治。《环境保护法》等法律法规构建了严格的环境保护制度，铸造了打击违法环境犯罪的"利剑"，而环境警察制度对于维护环境秩序，保卫生态环境安全，震慑、遏制破坏环境与资源的违法犯罪行为具有不可替代的作用，使打击环境犯罪的"剑气"更加凌厉。

党的十九大报告指出要牢固树立社会主义生态文明观，加快生态文明体制改革，建设美丽中国。做出了推进绿色发展、着力解决突出环境问题、加大生态系统保护力度、改革生态环境监管体制、坚决制止和惩处破坏生态环境行为的行动部署。环境警察制度是因应我国环境保护及生态文明建设的必然结果。坚持绿色发展理念，切实维护公民的环境权益是环境警察制度赖以产生和存在的基本价值。

# 第一章　现代环境警察制度确立的理论基础

现代环境警察制度是现代警察制度与生态环境保护相结合的产物。当今社会在解决持久性环境难题上，警察的作用是不可或缺的。为此需要从警察及警察权的功能及特有功能、警察机关的任务以及警察权在环境执法中的正当性等角度探讨警察机关与环境安全和秩序维护的关系，进而说明警察在这其中应有的角色担当。

## 第一节　警察、警察权的功能与生态环境保护

警察与生态环境保护，这曾被看似两个毫不相干的概念是如何被联系在一起的呢？这要从警察自身所具有的功能，以及现代警察机关与警察权的特有功能进行考察。

### 一　从警察的起源看警察的功能

在中国古代历史上，自先秦之后的典籍和史书里，"警察"两字多以动词使用。例如，《周礼》中有"正岁则法察戒群吏"之言；又如唐代学者颜师古为《汉书》作注首有"密使警察不欲宣露也"的表述。"警"有戒敕、防卫戒备之意。而"察"主要指观察、仔细看，考察，核查之义。根据《现代汉语词典》解释，警察是具有武装性质的治安行政人员。[①] 而在《辞海》中对警察的解释：一是指警戒监察，二是指维护社会秩序的国家公职人员。[②] 对于"警察"这一概念，学者还有很多不同阐释，但对其本质的认识则是基本一致的。即它是国家机器中的重要政治工

---

[①] 《现代汉语词典》（第五版），商务印书馆 2006 年版，第 724 页。
[②] 《辞海》（上），上海辞书出版社 2009 年版，第 2007 页。

具。它拥有暴力的、强制的特殊手段。它执行维护国家的、社会的安全与秩序的任务。它具有镇压与管理的双重职能。从社会力量的角度看，警察是指警察机关和警察人员，即维护国家安全和管理社会治安的行政武装力量；从社会功能角度看，警察是指警察作用，即维护公共安全和秩序，防止一切危害，以增进人民福祉为目的，以强制、服务为手段的行政作用；从社会行为的角度看，警察是基于国家统治权，执行法令并协助诸般行政之行政行为。① 还有的学者从词源的角度认为：警察可以有静态和动态两种理解。前者是指维持秩序和治安的机关及成员，即警察机关及其组织机构中的人员；后者是指这一特定的组织机构和人员维持社会公共安全和秩序的行为。

在马克思主义经典作家看来，警察是随着私有制和国家的产生而产生的。"国家一直是从社会中分化出来的一种机构，一直是由一批专门从事管理，几乎专门从事管理或主要从事管理的人组成的……这个机构，这个管理别人的集团，总是保持着一定的强制机构，实力机构。"② 这里所说的强制机构和实力机构中，警察就是最引人注目的典型代表。警察所具有和掌握的暴力技术及使用武力的水平都需要超过当时社会的其他阶层，特别是被压制或者镇压的阶层。否则，就难以维护其至为关心的经济利益，以及保证这种经济利益正常享有的社会秩序。当私有制已经成为社会的最主流的经济制度，社会组织形式发生变化，私有物品占有的不均衡使得社会阶层剧烈分层，社会发展到经济利益的剧烈冲突必须通过暴力的方式来解决时，这就成为警察产生和存在的最直接的推动力。在恩格斯看来，"警察是和国家一样古老的"。③ 警察的出现已经与军队一起成为国家的最重要的标志和徽章。国家是不能没有警察的，它是国家政治得以延续和发展的重要压舱石。警察的出现不仅是经济利益占有、维护、剥夺、冲突而催生的结果，社会组织形式发生变化，阶层之间的对立、阶级之间的争斗也是重要的催化剂。警察权威基于法律而得到增强。合法化不仅使警察获得外部强制，而且基于法律的认可而获得自信。"文明国家一个最微不足道的警察，都拥有比氏族社会的全部机关加在一起还要大的'权威'。"④

---

① 戴文殿：《公安学基础理论研究》，中国人民公安大学出版社1991年版，第8页。
② 《列宁选集》（第四卷），人民出版社1960年版，第45页。
③ 同上书，第114页。
④ 《马克思恩格斯选集》（第四卷），人民出版社1972年版，第167—168页。

对于警察权威的认可不再是通过部落中的威望、巫术或者神授的力量，而是通过一种规范化的反复强调使警察成为维护社会秩序的正当而合法的代表，而警察也成为维护社会秩序以及惩治犯罪的会说话的法律。

那么警察的功能究竟是什么呢？从警察行为角度看，其功能因需要而产生，同时因社会需要的程度直接激励、支撑和推动着警察的发展水平。而对于这种需要的满足，则取决于警察的结构及其与制度、程序等因素互动的质量和结果。同时还与警察和周围的环境相互作用的效果性直接相关。一般来说，警察的功能有以下几个方面：

（1）镇压和预防犯罪的功能。一国警察制度确立发展的主要目的都与镇压和预防犯罪有关。"警察的核心职责就是控制犯罪。没有人怀疑这一点。"[①] 无论一个国家的历史文化背景如何，民主制度发展程度多高，其警察的主要功能始终都关注镇压与预防犯罪。不管是涉及人身权的、财产权，抑或是隐私权；也不管是公开的强制行为，还是秘密的强制行为；不管是行政强制行为还是刑事强制行为，都蕴含着镇压及防控犯罪的功能。

（2）规范执行法律、人权保障功能。现代社会警察所有履行职责活动中，对公民自由与人权保障已成为一个不容忽视的政治与法律问题。比如，在警察行使刑事司法职能的过程中，警察、法庭和矫正是构成刑事司法体系的三个部分，其中，警察处在这一司法过程的"前端"，是司法活动的"启动者"，负责侦查、调查犯罪以及逮捕犯罪嫌疑人。警察的行为和决策在刑事司法活动中对人权的保护是至关重要的。即使警察采取强制行为时也要遵守一定的程序规则，以保障相对人的基本权利。

（3）提供社会服务，实现政府管理的职能。警察依法拥有政府管理的部分职能，负有为公众利益服务的职责。提供公共物品满足社会需要，与执行法律、维护秩序一样，也是警察权具有的职能。在现代警察建立当初，警察的作用仅限于犯罪的镇压与民众的管制。随着警察职能的不断扩张，警察的角色已经从"打击犯罪的战士"逐渐向"社会工作者"转变，警察成为和平时期社会的服务者。例如，在英国，警察已经由"捉贼人"（Thief-taker）变成了"我们的朋友——警察"（Our Friend the Bobby），

---

① ［美］罗伯特·兰沃西、劳伦斯·特拉维斯：《什么是警察——美国的经验》，尤小文译，群众出版社2004年版，第295页。

这个"朋友"的称谓,并非一朝一夕得来的,恰是长期的真诚服务积淀而来的。据美国警务专家研究,现代警务所涉及工作仅15%与犯罪侵害有关,而60%却来自公民非受害行为的求助。现代警察服务范围日益广泛,大到对付犯罪、抢险救灾,小到接受咨询、扶助老弱过街。警察人员凛然不可侵犯的容颜逐渐消失,取而代之的是和蔼可亲的面容。① 现代社会对警察提供社会公共服务的需求日益强烈和迫切。"根据法律和政治上的需要,社会责成警察担负许多任务,其中只有一部分同执行刑事法有关。……大部分时间用在以非惩罚方式进行行政和民事调解及提供社会帮助上,他们阻止非法行为远比惩罚犯罪行为多得多。"②

综上可知,现代警察除担任犯罪侦查职责外,还担负着广泛的治安行政管理、一般行政管理和社会福利保障方面的职责。然而仅此尚不能充分说明警察与环境保护的密切联系,以及环境保护对警察权的迫切需求。

## 二 现代警察机关及警察权的特有功能

除非警察机关及警察权的运作在环境保护领域能够扮演独特的角色,具有区别于其他主体和公权力的功能,我们才能说它与环境保护密切相关,不可或缺。

"权力基本上是指一个行为者或机构影响其他行为者或者机构的态度和行为的能力。"③ 警察权则是警察机关掌握运用的关于公共生活的、体现国家性质的一种支配性权力。具体表现为一种纵向的管理与被管理、强制与服从的政治法律关系。因此,警察与警察机关所表现出的是命令者的强势地位。警察权则是一种维护国家政治统治和社会秩序的强制性的国家权力,从权力结构来看,强制与服从是其两个本质性要素。在韦伯看来,"权力意味着在一种社会关系里哪怕是遇到反对也能贯彻自己意志的任何机会,不管这种机会是建立在什么基础之上"④。警察权力是一种合法的暴力强制,是一种社会必须认同和服从的政治法律权威机制。在这一机制

---

① 程文亮:《现代警务发展趋势》,《上海公安高等专科学校学报》2003年第8期。
② [美]塞缪尔·沃克:《美国警察》,公共安全研究所外警研究室译,群众出版社1989年版,第61页。
③ 邓正来主编:《布莱克维尔政治学百科全书》,中国政法大学出版社1992年版,第595页。
④ [德]马克斯·韦伯:《经济与社会》(上卷),林荣远译,商务印书馆1997年版,第80—81页。

的功能作用中，强制性和制约性是其基本特性。警察权的暴力要素体现在三个方面：被武装起来的警察、警察组织及执行暴力的武器。暴力强制是自国家产生以来的重大的必不可少的政治统治工具，警察就是建立在法律命令上的组织或制度安排，是一种典型的政治法律意义上的暴力强制，这种暴力强制为政治社会之必需。作为一种以法律为依据的外在的强制，通过被授予的合法性暴力手段，以物理的力量对相对人的自由、财产、肉体、精神乃至生命施加强制甚至消灭。在我国，警察机关的强制力的体现主要表现为：警察可以依法实施行政强制措施和行政处罚。具体包括：当场盘问、检查和继续盘问；强行带离现场；为制止严重违法犯罪行为依法使用警械、武器；对严重危害公共安全或者其他人身安全的精神病人采取约束性保护措施；为预防和制止严重危害社会治安秩序的行为，可以在一定的区域和时间限制人员、车辆的通行或者停留，必要时可以实行交通管制；依法采取强行驱散；依法予以拘留；等等。警察刑事职权包括预防和制止及侦查违法犯罪活动、传唤、讯问犯罪嫌疑人、询问证人、勘验、检查、搜查、扣押、通缉、技术侦查等权力。刑事强制措施还包括拘传和取保候审、监视居住、刑事拘留、逮捕等权力。

警察机关的职能与其他政府执法部门相比，范围最为广泛，性质最为特殊，与公民的生活几乎是零距离接触，其独特之处可谓具有多元和宽广属性，有着更多的科技含量、更多的知识要素、更多的暴力色彩及更浓郁的实践性。[1] "警察随叫随到的特点，加上他们必要时可以使用暴力解决问题的能力，使得警察成为解决各种难题的理想'救助机构'。"[2] 警察机关的职能，要求其"扮演好多种重要角色：规则的执行者、社会服务者、道德家以及街头勇士"[3]。出于维护国家安全、维护公共秩序的需要，法律对警察的授权可谓是相当广泛的。根据社会发展的需求，甚至是不确定的。以警种来看，现实中有刑事警察、治安警察、防暴警察、缉私警察、网络安全警察、缉毒警察、森林警察、维和警察、旅游警察、海上警察等。近年来，随着环境问题的日渐突出，为解决环境难题，一些国家也出

---

[1] 张彩凤：《警察与法律》，中国人民公安大学出版社2013年版，第197页。
[2] [美]罗伯特·兰沃西、劳伦斯·特拉维斯：《什么是警察——美国的经验》，尤小文译，群众出版社2004年版，第11页。
[3] [美]奥斯丁·萨拉特：《布莱克维尔法律与社会指南》，高鸿均等译，北京大学出版社2011年版，第140页。

现了环境警察。

警察机关以其警察权的强制力量保障法律得以实现,是社会成员依法享有权利和承担义务的必要条件和力量后盾。正是在警察权的保障下,社会成员才能获得得以生活和生产的安全的环境和理性秩序。为了达到警察权对国家和社会的特定作用,必须通过一定的运作方式,具体体现为说服、约束、强制、处罚等。应当说,政治文明、经济发展以及社会进步都在相当程度上依赖警察权力。综上所述,相对于其他政府部门或公权力而言,警察机关及其警察权具有明显的强制功能。

### 三 政府环境保护职能(环境管制)与警察权

警察权与环境保护的关系主要体现于政府管理职能之中。在我国,警察机关(这里主要指公安机关)是政府的组成部分,政府实施的环境管制行为中,警察机关的作用发挥是其中不容忽视的部分。要弄清警察权在环境保护中的地位和作用,必须对政府环境管制的发展过程有一个基本的认识。

管制(Regulation)又称为规制,是一个隶属于经济学、法学和政治学的交叉领域的概念。对于管制的含义,国内外学者的认识也不尽相同。日本学者植草益认为,管制仅指狭义上的限制或禁止,即依据一定的规则对构成特定社会的个人和构成特定经济的活动进行限制的行为。[①] 而金泽良雄则是从广义上界定规则规制的含义,认为其相当于广义的"国家干预",这种干预涉及消极的(限制权利)和积极的(促进保护)两个方面。[②] 政府管制就是指为了实现特定的政策目标,政府及其授权组织对企业和国民的活动进行的干预和介入。政府规制发轫于20世纪30年代的美国,几乎覆盖了美国社会与经济生活的绝大多数领域。在政府管制浪潮下,在传统的以"命令—强制"为特征的许可、处罚、强制等传统行政执法方式之外,涌现出了很多新型的管制手段,如协商式管制、激励型管制、信息管制、标准管制和价格管制等新型的行政执法方式。与此同时,在环境领域中政府的管制,即环境管制至今

---

① [日]植草益:《微观规制经济学》,朱绍文等译,中国发展出版社1992年版,第1—2页。

② [日]金泽良雄:《经济法概论》,满达人译,甘肃人民出版社1985年版,第45页。

也经历了三个阶段。第一阶段：20世纪70—80年代中期的政府全面介入、强制性手段绝对主导的阶段；第二阶段：20世纪80年代中期以后引入市场机制，注重管制成果和效益的阶段；第三阶段：20世纪90年代倡导广泛参与、共同合作和手段多元化的阶段。环境问题的性质与特征决定了政府在环境保护方面可以发挥特殊的作用。例如，政府对经济活动的适度干预，可以纠正人们行为的"外部不经济性"；通过政府的环境行政行为有利于对环境污染和破坏进行预先控制；政府借助警察力量对破坏环境资源保护的违法与犯罪进行有效的震慑与打击；政府在培育环保市场、建立市场机制方面起到基础性作用；政府是环境公共物品的主要提供者。[①]

国内环保专家普遍认为，自20世纪80年代中期开始，以市场为导向的经济刺激手段被大量采用，20世纪90年代以来，以自愿合作为基础的手段也大量出现，即采用自愿和多元合作基础上的环保手段，同时吸纳公众的参与，进一步发挥社会的支撑和制衡作用，呈现出环境管制与民主的有机结合。由此克服了政府传统的以"命令—控制"为主的管制手段的局限性，从而有利于实现复杂的环境管理任务和可持续发展的目标。然而在笔者看来，当下环境管制主体多元化、手段方式多样化的样态中，警察机关及其警察权功能的发挥是不容忽视的。如果说政府的环境管制应当刚柔并举，那么警察机关及警察权在环保领域的出现则是刚性介入的典型代表。它的强力介入促使社会环境纠纷及冲突得以迅速有效解决。环境被破坏造成的后果也会对社会秩序形成破坏，因此警察机关的任务就是要尽快化解冲突，恢复被破坏的社会环境秩序。事实上，"环境行政管理的国家强制力一是体现在环境行政法律的执行机关上，二是体现在强制措施上"[②]。环境管制基于上述两个方面的支持，通过执法活动，从而起到维护环境秩序的作用。作为环境法律的执行机关之一，又能够切实体现执法刚性，非警察机关及警察权莫属。

## 四 现代警察机关是国家环境保护义务的法定承担者之一

保护生态环境是保证经济长期稳定增长和实现可持续发展的基础与保

---

① 李挚萍：《环境法的新发展——管制与民主之互动》，人民法院出版社2006年版，第1—16页。

② 鄢斌：《社会变迁中的环境法》，华中科技大学出版社2008年版，第156页。

证。环境问题解决得好坏关系到中国的生态环境安全与否，进而影响到国家安全与形象，同时也关系到社会公众的根本利益。为经济社会发展提供良好的环境与资源基础，为广大社会公众提供基本的环境公共产品，是国家的义务。"依宪法的精神，所有的国家权力必须有义务去尊重并保护人性尊严以及人民的基本权利，对于人民生命权的保障，实质及形式的人身自由，健康权的不可侵犯性，都可以导出国家对基本权的保护义务。"[1]政府承担着保护环境的法定职责。作为政府重要的职能部门之一，警察机关结合自身职能在环境保护中具有重要作用。

当今社会，环境问题已成为世界各国共同面临的严峻挑战。许多国家在其宪法和环境保护基本法中都明确了国家的环境保护义务。我国《宪法》第26条第1款规定："国家保护和改善生活环境和生态环境，防止污染和其他公害。"《环境保护法》第6条规定："一切单位和个人都有保护环境的义务。"由此对环境保护的义务做出了原则性规定。从义务主体上看，包括了国家以及一切单位和个人。而这其中国家一马当先承担着重要的环境保护义务。

环境保护义务在实践中体现为依法承担的环境保护责任。而这一责任具体是由代表国家实施社会管理的政府承担的。环境与资源是典型的公共物品，它难以单纯依靠市场的力量实现有序和有效配置。导致资源破坏和环境污染的重要原因不仅是市场失灵，更是政府失灵。环境与资源的保护在很大程度上依赖于政府。前些年发生的一系列重大环境违法事件，使我们不得不思索个别地方政府是否真正履行了环境保护的义务？作为公共事务管理部门的政府，能否切实履行环境保护的责任，直接关系到社会公众的环境公共需求及环境权益能否得到满足和实现。国家环境保护义务可以大致分解为三类：第一类是宣传教育、引导义务。[2]即在实施社会管理与服务中鼓励企业、社会公众保护环境的行为，支持保护环境的科学技术的

---

[1] 陈慈阳：《环境法总论》，中国政法大学出版社2003年版，第203页。
[2] 《环境保护法》第9条规定："各级人民政府应当加强环境保护宣传和普及工作，鼓励基层群众性自治组织、社会组织、环境保护志愿者开展环境保护法律法规和环境保护知识的宣传，营造保护环境的良好风气。教育行政部门、学校应当将环境保护知识纳入学校教育内容，培养学生的环境保护意识。新闻媒体应当开展环境保护法律法规和环境保护知识的宣传，对环境违法行为进行舆论监督。"

发展，加强环境保护知识的普及宣传等。第二类是规划、预防的义务。①即政府应就生态保护进行全面规划与合理布局，切实将环境保护纳入国民经济和社会发展计划。积极采取经济的、技术的及法律的措施，预防环境的污染与破坏。第三类是监管、制裁的义务。各级政府以及政府的各部门根据各自层级及职能的不同，承担着各自的监管职责。②同时对于违反监管法律法规的相对方施以强制措施、行政处罚，直至追究刑事责任。在如今环境危机加剧、环境利益冲突凸显、公众环境权利诉求强烈等多重压力下，解决环境问题必须从源头进行预防，政府必须主动承担前瞻性责任。事前预防与事后追究并重，构建事前预防、事中监管与事后问责的政府环境责任追究模式。③

如上所述，依据我国环境保护法的规定，公安机关作为政府的重要职能部门，在环境保护中扮演着不可或缺的角色。其所承担的国家环境保护义务主要体现在上述第三类义务中，即借助警察权的强制性功能，达到对环境违法与犯罪的抑制，维护生态环境安全与秩序。

## 第二节　警察权在环境执法中的正当性

现代社会，保障国家的生态环境安全与秩序需要警察权的作用。这是因为现代警察机关的任务都是与安全、秩序及权利保障密切相关的。

### 一　国家安全观的演进与警察机关的任务

综观历史发展，对国家安全的认识经历了从传统国家安全到非传统国家安全的过程。体现为国家安全的内涵与外延有了更大扩展，即不仅仅局限于传统意义上的军事安全、政治安全，还包括了经济、文化、社会、科

---

① 《环境保护法》第4条规定："保护环境是国家的基本国策。国家采取有利于节约和循环利用资源、保护和改善环境、促进人与自然和谐的经济、技术政策和措施，使经济社会发展与环境保护相协调"；第5条规定："环境保护坚持保护优先、预防为主、综合治理、公众参与、损害担责的原则。"

② 《环境保护法》第10条规定："国务院环境保护主管部门，对全国环境保护工作实施统一监督管理；县级以上地方人民政府环境保护主管部门，对本行政区域环境保护工作实施统一监督管理。县级以上人民政府有关部门和军队环境保护部门，依照有关法律的规定对资源保护和污染防治等环境保护工作实施监督管理。"

③ 刘晓星：《政府环境责任如何化虚为实？》，《中国环境报》2013年8月22日第3版。

技、信息、生态环境安全等方面。其中生态环境安全是国家安全的重要扩展。它主要是指人类社会赖以生存的环境免于环境问题的威胁和可能遭受的危险,并且使环境要素的功能和自我调节能力处于可承受、可恢复的范围。就其性质来看,国家生态环境安全实际上是一种国家生存安全。① 对于一个国家和民族来说,它是其得以持续生存和健康发展的最基本的前提条件。它是国家安全的重要基础,对传统国家安全,包括主权安全、军事安全、领土安全、生命安全等均有重大影响。事实上资源的短缺及环境污染已成为国家及地区间冲突的潜在根源。环境污染对人的生命健康的威胁越来越大。可以说由环境引起的问题对国家安全构成了多种威胁。正是由于环境事关国家安全,"冷战"结束后非传统安全观兴起,人们开始更多地从非传统威胁的角度考察环境与国家安全的关系。这其中美国环境专家莱斯特·布朗(Lester Brown)即是最早将环境问题明确引入安全研究的学者。1981年8月,美国公布了新的国家安全战略,首次将环境安全纳入国家安全利益要素。1987年,联合国世界环境与发展委员会发表的研究报告《我们共同的未来》,也在联合国范围内首次提出"环境安全"的概念。1996年的《美国国家安全战略》中再次重申了环境安全问题必须纳入国家安全战略的观点。俄罗斯政府也提出了将"和平、生态、裁军、经济问题通盘考虑"的新的国家安全战略。② 此外,北欧的挪威等国也提出了类似的国家安全战略。我国政府于2000年12月公布了《全国生态环境保护纲要》,提出"维护国家生态环境安全,确保国民经济和社会的可持续发展"③。首次明确提出了全国生态环境保护目标。这也表明了我国政府及学界已开始注意并认识到环境安全的重要性,并认为国家安全的重要基础即是生态环境安全。进入21世纪以来,出现了更加复杂的国际安全形势,涉及安全的威胁也趋向多元化,其中环境问题的现实和潜在威胁凸显,它将成为21世纪安全领域面临的一项长期而复杂的战略性课题。在非传统安全研究的总体框架下,对"环境安全"问题的理论研究也将向纵深发展。而在实践中,各国都从环境生态的视野积极采取有力措施切实维护国家安全。

---

① 裴晓菲、杨小明:《论我国的经济安全和环境安全的关系》,《新视野》2008年第4期。
② 同上。
③ 参见《全国生态环境保护纲要》,《人民日报》2000年12月12日。

2014年4月15日上午中共中央总书记、国家主席、中央军委主席、中央国家安全委员会主席习近平主持召开中央国家安全委员会第一次会议并发表重要讲话。习近平强调，要准确把握国家安全形势变化新特点新趋势，坚持总体国家安全观，走出一条中国特色国家安全道路。习近平指出，贯彻落实总体国家安全观，必须既重视外部安全，又重视内部安全，对内求发展、求变革、求稳定、建设平安中国，对外求和平、求合作、求共赢、建设和谐世界；既重视国土安全，又重视国民安全，坚持以民为本、以人为本，坚持国家安全一切为了人民、一切依靠人民，真正夯实国家安全的群众基础；既重视传统安全，又重视非传统安全，构建集政治安全、国土安全、军事安全、经济安全、文化安全、社会安全、科技安全、信息安全、生态安全、资源安全、核安全等于一体的国家安全体系。

在我国，公安机关依法担负着维护国家安全的任务。① 基于此，笔者认为，伴随社会的发展及国家发展战略的调整，人民警察维护国家安全的任务，必须兼顾传统的国家安全和非传统国家安全。也就是说警察机关对于维护国家安全的任务必须有新的认识及拓展。应将维护环境生态安全纳入维护国家安全的范畴。在此方面，笔者以为，警察机关（公安机关）需注重两方面的重新认识：一是环境安全是国家安全的重要组成部分，居于基础性地位；二是维护国家环境生态安全对于社会治安秩序也具有重要意义。就前者而言，基于前面的论述，保障生态环境安全对于传统上的国家安全（主权、领土、军事、生命等）及其他非传统国家安全均具有基础性的意义。警察机关不是唯一的维护环境生态安全的主体，但其通过自身特有的功能所体现的对环境生态的保护却是不可或缺的。在预防和打击破坏环境与资源保护方面的违法犯罪上发挥着无可替代的作用。就后者而言，必须看到环境生态是否安全有序是影响社会稳定的重要因素。实践证明生态环境的恶化会直接影响社会公众的生活质量甚至威胁到基本生存，导致社会不稳定因素增加，并易引至国内社会秩序失常。近年来在社会秩序方面出

---

① 《人民警察法》经1995年2月28日八届全国人大常委会第12次会议通过，1995年2月28日中华人民共和国主席令第40号公布；根据2012年10月26日十一届全国人大常委会第29次会议通过、2012年10月26日中华人民共和国主席令第69号公布的《全国人民代表大会常务委员会关于修改〈中华人民共和国人民警察法〉的决定》修正。第2条："人民警察的任务是维护国家安全，维护社会治安秩序，保护公民的人身安全、人身自由和合法财产，保护公共财产，预防、制止和惩治违法犯罪活动。"

现的群体性事件,① 有一定的数量是由环境问题所诱发的。因此,警察机关借助特有功能推进环境保护执法,也是维护社会治安秩序的需要。

要提供制度和法律的保障维护国家环境安全,完全靠市场和市场主体的自发力量是难以做到的,更需要政府的一系列制度设计和法律保障。其中发挥警察机关维护秩序的功能,是保障国家环境生态安全的重要举措。

## 二 维护环境生态秩序——现代警察机关任务的拓展

秩序,是事物运动的次序性和变化的规则性的一种状态。"秩序意味着不同事物之间状态的相对稳定性、关系的相对连续性、秩序的相对有序性、发展变化的一定规律性。秩序是人类生存发展的基础和条件,每个人都生活在社会秩序和自然秩序中。"② 秩序是指"自然界与社会进程运转中存在着某种程度的一致性、连续性和确定性。另一方面,无序概念则表明,普遍存在着无规律性的现象,亦即缺乏可理解的模式——这表现为从一个事态到另一个事态的不可预测的突变情景"③。以社会学之维观之,"社会是按照既定的一套行为规范维持社会秩序,调整人们之间的关系,规定和指导人们的思想和行为方向"④。在规范明确的前提下,可以使人们有效地避免利益上的冲突及社会的紊乱,积极参加社会协作,以维护社会的稳定有序。我国《人民警察法》将维护社会治安秩序作为人民警察的任务之一。目的在于积极防范和制止危害社会治安秩序的行为。警察机关这一任务直接体现了社会控制的功能。

中国人民公安大学李健和教授认为,治为秩序,安乃安定、安全。治安就是一定社会中人们活动的非特定领域内涉及人身财产和公共活动等方面不受人为因素威胁、侵害和损失而由法律所规范的状态。此外,他还指出,秩序与安全的关系是形式与内容的关系,是现象与本质的关系,是手段与目的的关系,破坏安全往往是以扰乱秩序这种形式出现的。秩序是连

---

① 如,江苏启东、四川什邡等地曾发生群众为阻止认为会对环境造成污染的建设工程,在政府门前抗议,场面一度失控,政府机关被冲击。
② 蔡守秋:《环境秩序与环境效率》,《河海大学学报》2005 年第 12 期。
③ [美]博登海默:《法理学、法律哲学与法律方法》,邓正来译,中国政法大学出版社 2004 年版,第 5—6 页。
④ [美]布坎南:《自由、市场与国家》,平新乔等译,生活·读书·新知三联书店 1989 年版,第 115—116 页。

接安全与外界环境的纽带,外界环境通过对秩序发挥作用来影响安全。治安学讨论的安全范畴通常不是纯粹的自然界安全问题,它首先是社会安全问题,只有当自然环境的变化导致相应受体发生危险状态的情形,自然的安全状态也会转化为治安学的安全问题。①

至此,治安秩序与环境秩序的关系可以基本清晰。笔者认为,生态环境秩序就是规范人们在生态环境利用和保护中的社会关系,调适其行为的规则和机制,是人类社会秩序的基本内容。它摆脱人们在环境利用中偶然性、任意性的形式,而建立起有条不紊的状态。"环境秩序贯穿始终的要求是人与自然的和谐。良好的环境秩序的最低标准是保障人和动植物等环境要素的安全,而实现人与人和谐、人与自然和谐则是法律追求的理想秩序;也可以认为,对人与自然和谐的起码要求是环境安全,包括人和环境资源的安全。"② 环境秩序是客观存在着的社会关系的规则形式,是一个具有描述社会关系、规范社会互动、调适社会主体行为功能,保障环境生态安全的社会关系规范体系。

笔者以为,治安秩序与环境秩序两者同属社会公共秩序的重要组成部分,它们都涉及社会多数人的利益,有着相近的属性。治安秩序是社会安全之秩序,是社会关系中的安全关系的秩序。③ 而环境秩序则是国家环境安全的秩序,是社会关系中的环境利用关系的秩序。它们都是一种社会关系的调适机制,都是一定社会关系的固定形式,都源于安全关系,并随着各自领域所调整的社会关系的演化与稳定而形成。值得注意的是,治安秩序与环境秩序两者又是相互影响的。也即环境秩序被人为破坏,使他人环境法益受到侵害,也会导致社会的不稳定、治安秩序的混乱。而治安秩序的混乱,也会反过来影响环境秩序,使人们的环境法益受到损害。从以上分析中可以看出,社会治安秩序与环境秩序两者关系十分密切。警察机关通过实现任务的拓展,在维护社会治安秩序的同时,将保护环境秩序纳入视线,对于保护公民环境法益具有积极意义。

## 三 维护公民环境权是保护公民合法权利的应有之义

现代警察机关的重要任务之一就是保护公民的人身安全、自由及合法

---

① 王均平:《安全,还是秩序》,《中国人民公安大学学报》(社会科学版)2009年第6期。
② 蔡守秋:《环境秩序与环境效率》,《河海大学学报》2005年第12期。
③ 王均平:《安全,还是秩序》,《中国人民公安大学学报》(社会科学版)2009年第6期。

财产。这就要求警察机关必须依法同一切危害公民合法权益的行为做斗争。通过预防、制止和惩治违法犯罪活动切实维护公民的权利。笔者认为，依法保护环境权益也是当代警察机关不容忽视的任务。

（1）警察机关维权的新地带——公民的环境权。人类文明的发展经过了农业文明、工业文明时代之后正在进入生态文明或称可持续发展的时代，回顾以往人类为了获取更多的农作物采取不科学的种植方法，以及为了得到大量的木材而无节制地砍伐森林，以至于造成土壤沙化、水土流失、气候恶化、洪水泛滥，使得农业生产赖以存在的环境基础遭到破坏。疯狂捕杀野生动物，以求获得非法利益，导致生态平衡破坏、令有害生物肆虐，使人类生活陷于困境。大气、水源、土壤的化学污染不断加剧，导致人类许多疾病发生率直线上升，这都严重威胁到人类自身的生存。明晰公民的环境权，对环境侵权行为予以惩处，在生态文明时代应成为警察机关的重要使命之一。

《人民警察法》第 3 条规定，人民警察必须全心全意为人民服务。这一规定明确了我国公安机关的宗旨，同时也表明了我国公安机关是维护人民群众利益的执法机关，公安执法活动必须以保障人权为己任。公民的环境权是人权的重要组成部分，警察执法涉及公民环境权的保护，必须予以应有的重视。①

自 20 世纪以来，特别是第二次世界大战以后，世界范围内的环境问题日趋严重。西方发达国家在工业化过程中出现了严重的环境污染，公害事件不断发生。而发展中国家则明显表现为贫困与人口压力增大，生态资源遭到严重破坏。一时间"环境危机"成为威胁整个人类生存、影响制约经济发展及社会稳定的重要因素。世界各国一方面积极致力于运用包括科学技术在内的多种手段治理污染及对生态资源的破坏，同时也在努力探寻解决环境问题的理论及法律依据。环境权的提出始于 20 世纪 60 年代，当时德意志联邦共和国的一位医生向欧洲人权委员会提出控告，声称向北海倾倒放射物的做法违反了《欧洲人权条约》中有关保障清洁卫生环境的条款，由此成为最早的环境权主张。作为一种基本而迟到的法律权利，环境权概念的确立是 20 世纪六七十年代以来世界性环境危机和环境保护

---

① 邢捷：《论公安执法对公民环境权的保护》，《中国人民公安大学学报》（社会科学版）2009 年第 2 期。

运动的产物。① 1972年6月于斯德哥尔摩召开的联合国人类环境会议上通过的《人类环境宣言》第1条就庄严宣告:"人类有权在一种能够过有尊严的和福利的生活环境中,享有自由、平等和充足的生活条件的基本权利,并且负有保证和改善这一代和世世代代的环境的庄严责任。"在《人类环境宣言》的影响下,一些国家开始了环境权的立法实践:如南斯拉夫、波兰、葡萄牙、智利、巴西、匈牙利等国在其宪法或环境保护基本法中确认了环境权;再如希腊、巴拿马、菲律宾、捷克斯洛伐克、泰国、瑞典等国在宪法中体现了保护公民环境权的内容。日本和美国还广泛地受理了以保护环境权为案由的案件,开始了环境权的司法实践。环境权是现代法治国家公民的基本权利,这一点已渐渐成为国际社会的共识。

我国关于环境权理论的研究至今已有30多年。环境权作为一种新型的权利,至今尚未达成最终共识,可谓众说纷纭。仅就公民的环境权而言,蔡守秋教授在1982年《中国社会科学》上发表的《环境权初探》一文中认为狭义的环境权一般指公民的环境权,即公民有享受良好适宜的自然环境的权利。吕忠梅教授认为公民的环境权是指公民享有的在不被污染和破坏的环境中生存及利用环境资源的权利。②通常认为,公民环境权是一项概括性权利,它可以通过列举而具体化。如在美国的一些州宪法中将环境权作了具体的规定,包括清洁空气权、清洁水权、免受过度噪声干扰权、风景权、环境美学权等;在日本的一些判例中列举的环境权包括清洁空气权、清洁水权、风景权、宁静权、眺望权、通风权、日照权、达滨权等。③

随着法治与社会文明程度的提高,我国公民的权利意识也在逐步增强,这其中包括对良好环境的要求,从而提高生活质量的期待也日渐突出。我国保护生活环境和生态环境方面的法律,大都强调了国家的职责,同时也赋予公民有同一切破坏、污染环境的单位和个人做斗争、举报控告的权利,近年来也不断有学者及人大代表提出我国应将保护公民环境权写入宪法。④ 根据我国目前环境立法的现状,公民环境权作为一项应有权利

---

① 侯怀霞:《私法上的环境权及其救济问题研究》,复旦大学出版社2011年版,第125页。
② 吕忠梅:《环境法学》,法律出版社2004年版,第93页。
③ 吕忠梅:《论公民的环境权》,《法学研究》1995年第6期。
④ 崔丽:《吕忠梅:环境权条款应写入宪法》,2004年8月13日,人民网(http://www.people.com.cn/)。

是可以肯定的，但它仅仅作为应有权利还不够，我国市场经济体制的建立和环境保护的严峻形势迫切需要使环境权法律化，使其能充分发挥健全环境法律体系、提高公民的环境意识、调动公民环境保护积极性的作用。从未来趋势上看，笔者认为维护公民环境权将成为警察执法中的重要内容。

(2) 警察机关是履行环境保护职责、维护公民环境权的重要主体之一。清洁的水、空气、安宁、阳光等环境要素在当今生产力发展、人口膨胀情况下作为稀缺性资源的特性逐渐显露出来。人们的生存利益和生产利益在对环境的需求上构成矛盾。随着环境问题日益严重和人们环保意识的提高，环境污染问题已成为引发群体性事件的一个新的诱因。环境问题已成为影响社会稳定的重要因素，成为危害群众健康、制约经济发展、损害国家形象的问题。

那么，警察机关缘何保障公民的环境权？环境权是人类在经历了传统文明尤其是工业文明时代所带来的种种环境问题和环境危机后而提出的，旨在追求良好环境品质的新型权利，是人类社会从工业文明时代迈向生态文明时代所催生出来的权利。[①] 在这种背景下，针对愈演愈烈的环境侵权事件，仅从某一角度，或某一类主体及手段，去寻求救济的方法与途径是远远不够的。借助于警察权这个独具特色的公权力，由警察机关担当一部分维护公民环境权的责任，是一个值得探索的崭新地带。笔者认为，环境侵权的存在及公安执法宗旨的指向是人民警察进行生态维权的重要原因：

其一，环境侵权的存在。环境权不是一种支配权，而是一种良好环境不受侵犯的权利。[②] 从世界范围内来看，环境侵权最早可追溯至罗马法时期。当时的"流出投掷物诉讼"[③]，实质上就涉及环境侵权问题。但那时的环境问题并不突出，亦未引起重视。作为一种普遍现象，环境问题是在工业革命之后，特别是20世纪以来，伴随工业化和城市化的进程产生的，环境侵权所带来的生态破坏与环境污染已成为各国普遍存在的一大社会问题。笔者认为，所谓环境侵权，是指因行为人的行为造成环境污染或破坏，侵犯了环境法益，从而使他人人身权（如生命权、健康权及身体权）或财产权受到损害的行为。环境侵权行为致害通常存在二元结构，一种是

---

① 杨朝霞：《生态文明的环境权利时代》，《环境经济》2011年第11期。
② 侯怀霞：《私法上的环境权及其救济问题研究》，复旦大学出版社2011年版，第126页。
③ 谢邦宇：《罗马法》，北京大学出版社1990年版，第310页。

侵权行为直接致害的模式，即有着明确具体的被侵害对象，如公民、法人或其他组织；还有一种即体现为造成一定范围内环境污染或生态破坏，从而间接致害的模式。针对环境侵权，需构建多元的预防与救济机制。这其中，公安机关基于自身的两大职能对公民环境权的维护主要体现在对职责范围内的"环境公共财产"[①]实施监管，预防、制止和侦查违法犯罪活动，[②] 对违法者依法进行处罚，对触犯刑律者依法进行侦查并移交起诉，体现了对公民享有环境权利的保护。

其二，执法宗旨的指向。在我国，公安机关执法的宗旨就是强调以人民为中心，执法为民。它亦体现为警察执法的基本理念。这一理念的确立对于警察执法有着明确的指引作用。"以人民为中心"是党的十八大以来，习近平总书记反复强调的核心价值理念，并逐步发展成为"以人民为中心的发展思想"。在党的十九大报告中上升为治党治国治军的基本方略，这是党的宗旨观、群众观、人民观、发展思想和执政理念、执政方式的重大发展，形成了完整的以人民为中心的思想及实践体系，是新时代执法思想上的重要发展。坚持"以人民为中心"的基本方略，就是要深刻认识人民的历史地位、主体地位和根本力量，就是要把人民对美好生活的向往作为党的奋斗目标，就是要在公安民警执法中努力践行全心全意为人民服务的根本宗旨。从维护公民环境权上看同样具有深刻寓意。

执法为民，就是按照邓小平理论和"三个代表"重要思想的本质要求，把实现好、维护好、发展好最广大人民的根本利益，作为执法的根本出发点和落脚点，在执法活动中切实做到以人为本、执法公正、一心为民。[③] 这一理念的确立凸显了对公民基本权利和合法利益的保护，充分体现了社会主义法治的本质要求。同时执法为民理念的提出，转变了传统上只强调"执法"的强制、管理职能，忽视"为民"的服务和人权保障

---

① "环境公共财产论"是20世纪60年代，由美国密执安大学教授萨克斯提出的。他认为：空气、水、阳光等人类生活所必需的环境要素，在当时受到严重污染和破坏以致威胁到人类正常生活的情况下，不应再视为"自由财产"，而成为所有权的客体，环境资源就其自然属性和对人类社会的极端重要性来说，应该是全体国民的"公共财产"，任何人都不能对其任意占有、支配和损害。

② 这是我国《人民警察法》第6条中规定的公安机关的首要职责。在环境保护领域，公安机关主要是通过打击这一领域中的违法犯罪活动，保护环境，从而使公民在良好的生态环境中生产生活，达到保护公民环境权的目的。

③ 邢捷：《公安行政执法权理论与实践》，中国人民公安大学出版社2009年版，第39页。

职能。

以人民为中心，执法为民，就是要把维护人民利益作为警察执法的根本宗旨，把人民群众的呼声作为第一信号，把人民群众的需要作为第一选择，把人民群众的利益作为第一考虑，把人民群众的满意作为第一标准，时时处处为人民群众着想，时时刻刻为人民群众排忧解难。"坚持以人民为中心的发展思想，讲究的就是一个'实'字。我们要牢记人民公安为人民的初心和使命，切实把以人民为中心的发展思想贯彻落实到保稳定、护安全、促和谐的各项工作中，不断增强人民群众获得感、幸福感、安全感。"① 当下就是要切实解决人民群众反映强烈的社会问题，而环境问题便是其中之一。及时高效地打击环境违法犯罪，保护公民的人身权利、财产权利，维护稳定，是警察执法的重要内容。随着社会的发展，公众环境权利意识的增强，切实关注到人民群众最现实、最直接的利益，并妥善处理好可能产生的纠纷，促进社会和谐，维护公民的环境权利，应成为执法为民的应有之义。

### 四 对警察权实施忧虑的回应

对于警察权介入生态环境保护领域，现实中曾存在不同认识和担忧。甚至曾有环保人士和法学专家持反对意见。有观点认为，倘若环保领域能以应对阻碍、抗拒执法，化解"束手无策的尴尬局面"为由设置公安环境执法机构，那么税务、工商等是不是也可以设置呢？笔者以为，应从以下方面看待警察机关及警察权对生态环境保护的介入：

（1）生态环境保护在国家发展中的战略性、基础性地位，决定了警察权介入的必要性。就国情来看，我国是一个有着众多人口且资源相对匮乏的国家。在前些年经济高速增长的时期，还曾经出现了大量资源不合理的耗用，且严重污染生态环境的情况。严酷的现实告诉人们，一味追求眼前经济利益而忽视谋求长远发展的现象绝不能再任其延续下去，否则必将直接影响到国家可持续发展战略的实施，导致国家发展缺乏后劲，甚至最终因生态系统的破坏，出现生态和能源危机，致使社会动荡，危及国家安全。当今，我国的环境问题对于实施国家未来发展战略仍然存在很大的隐

---

① 冀春雨：《新时代公安队伍展现新担当新作为 聚焦全国公安厅局长会议五大关键词》，2018年1月25日，法制网（http://www.legaldaily.com.cn/）。

患。为防患于未然,必须通过制定切实可行的规则以体现对行为的规范,即在环境与资源保护领域通过法律的引导功能与强制功能去纠正人们不适当的行为。基于生态环境安全在国家发展中的战略性和基础性的地位,警察权以其特有强制功能介入有着其他手段无法比拟的充分理由。

(2)警察权在环境保护中功能的难以替代性。环境问题的解决需要全社会的共同努力,需要多种手段的共同作用。其中法律手段是必不可少的。在规制时代,为了更好地完成国家环境治理的目标,出现了一些新的柔性的执法手段,诸如协商、激励、信息、标准、价格管制等,不一而足。然而,无论如何刚性执法手段必定是要存在的。暴力强制在环境执法中是刚性执法的重要体现,它作为"压舱石"常常是隐忍不发,只是在必要时或最后时刻,这种特殊的手段作为一种外在的强制才会出现。而这种手段通常只有警察机关才具有。在我国,作为具有武装性质的国家治安力量与刑事执法力量,人民警察依法行使警察权时,体现了制止违法犯罪和控制局势的能力。当警察权的行使遇到阻碍时,警察可以凭借其自身的强制力量,包括使用必要的警械、武器和监管场所等来消除障碍,并且立即对所作用的对象产生法律效力。[①] 为维护秩序和打击犯罪的需要,通常警察权与任何其他公权力相比都更具有攻击性及扩张性。故在发挥其特有作用的同时,还要注重对其进行必要的制约,防止这一高强度权力的滥用。

(3)需正确看待警察权与公民权的关系。在一些人看来,政府的权力越大,也就意味着其对公民权利构成的威胁也就越大,只有缩小政府权力并使之受到相当程度的制约,公民权利才能够得到保障,警察权作为政府权力的组成部分在与公民权的关系上亦是如此。由此形成了警察权与公民权的对立。在这对对立关系中,表现于外的是强制与自由的对立,而内在则体现为公共利益与个体利益的对立。必须明确的是,在环境保护领域,警察机关及警察权的介入,其重要目的就在于维护公民的环境权。警察权来源于公民权,警察权的运行应以保障公民权的实现为目的,这是警察权与公民权平衡的理论前提。从警察权的属性来看,警察权属于行政权的一种,从根源上看来自公民权利的让渡,即由公民权利转让而形成的公共权力通过委托赋予警察机关行使的那一部分权力便是警察权,因此警察

---

① 李艳:《浅议警察权的规范与控制》,《政府法制》2007年第6期。

权的运行也必然以公民权的保护为最终目的。具有公权力属性的警察权在法治的轨道上惩治违法犯罪，化解社会矛盾纠纷，为个人利益的实现与发展创造条件、提供秩序保障，并促进利益的最大化。于是使警察权在促进与保障公民权的同时，也实现了自身的扩张。再从经济学的角度看，警察权与公民权被看作为供给与需求的关系。警察权的运作过程往往被理解为"公共产品"的生产制造过程，这时公民权则被看成一种"消费者权利"。警察权与公民权的关系便形同市场中生产者与消费者之间的关系。伴随公民权需求的增长，要求警察对"消费者"——公民，提供更多的公共产品与服务。当前公民权发展的趋势是明确的，即在我国现阶段，公民已从满足基本需求，也即生命、自由、财产等基本权利的实现，迈向能体现参与、促进权能、享受权能等更高层次的发展需要。因此，警察权与公民权之间是对立统一的关系。而环境权是公民权利的重要组成部分，警察权与公民环境权的关系不言而喻。

（4）对警察权在生态环境保护中可能出现的负面效应不应过度解读和紧张。日常之中由于警察职能涉及社会生活点多、面广，管理的事物具体多样，其强制力伤及百姓之事也偶有发生，这就影响了警察在社会公众中的形象。警察执法的过程在多数情况下就是使相对方被迫违背自己的意志而服从法律也即国家意志的过程。警察和警察机关经常表现出的是管理者和命令者的强势地位，处于被管理者和被服从者地位的相对方，如果不服从就会受到制裁。对于在现实中可能出现的警察机关实施警察权过程中的违法或失当行为，特别是可能给相对方造成的侵权损害，在一定时间和个别地方甚至还造成了警民关系的紧张。随着公安机关强调公安民警必须树立以人民为中心、执法为民的思想，强调警察权必须在法治的轨道上运行，大力加强执法规范化建设，提出严格、规范、公正、文明执法，警察执法水平也不断提高。警察机关在环境保护领域中的执法也必将更加公正文明。故此，不应将警察机关及警察权视为"洪水猛兽"，而对其偶发的负面效应予以过度解读，并拒之于环保大门之外。

## 第三节　生态文明建设与警察执法生态化

加大自然生态系统和环境保护力度，加强生态文明制度建设，努力实现绿色发展，着力建设美丽中国，是推动当代中国全面发展进步，使中国特色社会主义更加生机勃勃的重要保证。警察执法的生态化趋势是顺应建设生态文明社会的生态法治的重要体现。

## 一 生态文明建设有着对刚性执法的需求

随着生活水平逐渐提高，人民群众对良好生态环境这一公共产品的需求日益增长，从过去的"盼温饱"到如今的"盼环保"，从曾经的"求生存"到当今的"求生态"，广大人民群众对改善生活环境质量的期盼越来越强烈。建设生态文明不仅有利于人民安居乐业，更有利于国家长治久安，维护我国良好的大国形象。

生态文明制度，是指以保护和建设生态环境为中心，调整人与自然，以及人与人之间保护和利用环境资源关系的制度规范的总和。它是生态文明理念和"生态优先"原则贯穿和渗透于经济社会发展的各项政策、法律法规和制度等所构成的制度结构和体系。生态文明制度建设的内容十分广泛，涉及生态社会各个领域，诸如政治、经济、生产与消费、文化道德、教育等。就生态文明制度的特点来看，有以下几个方面：

（1）生态文明制度具有特定性。从其调整的范围来看，它主要调整人与自然的关系。针对公民、法人或其他组织的行为作出规定，通常明示人们应当做什么，不应当做什么，限制做什么，禁止做什么，做了禁止的事情要承担的法律责任。其目的是合理限制开发与建设活动，以保护自然生态环境，保证自然资源的永续利用。

（2）生态文明具有引导性。建设生态文明就是鼓励、支持和限制、禁止人们的一些行为，进而促进人与自然和谐相处，共同健康发展。生态文明制度主要是通过设定多种行为模式，来引导人们以符合生态文明建设要求的方式利用生态环境，从事经济建设和其他开发活动，并告诫人们不得从事什么样的活动，否则，对违反规定者将给予相应的处罚，直至追究刑事责任。

（3）生态文明制度的强制性。生态文明制度的内容大多以法律法规、规章的形式表现。作为法律制度，其体现了国家意志。对于行为人违反有关制度，或消极不作为时，负有生态环境保护监督管理职责的机关，有权依法对行为人予以强制，包括制裁。

基于上述特点，生态文明制度依据内容及在实施方式手段上的不同，可以分为刚性生态文明制度和柔性生态文明制度。刚性生态文明制度是指具有强制性，必须严格执行的生态文明制度。如果违反了这种制度，行为人必须承担相应的法律责任。例如，行为人如果不申请办理危险废物经营许可证，就不能从事危险废物的收集、储存和处置等活动。持有危险废物经营许可证的也必须按照许可证的规定进行危险废物的收集、储存和处置。柔性生态文明制度则不同，它不具有强制力，仅属于伦理道德层面上的行为规范。即使违反了这些规范，通常也不运用法律法规来加以解决，而是依靠社会舆论、公众的谴责等手段，促使人们共同遵守生态文明制度。

无论是刚性生态文明制度，还是柔性生态文明制度，在制度的实施上政府的作用是巨大的。作为国家政权的代表，同时也是国家政策法律的具体执行部门，政府在生态文明建设中起着极其重要的主导性作用。政府权力是一种公共权力，它可以支配公共财政，可以为环境保护投入大量资金支持，这是社会团体和民间组织做不到的。更为重要的是，政府还可以运用政策及法律手段引导人们保护生态环境。

对于环境问题的认识，世界上许多国家都经历了一个由蒙昧到觉醒、由漠然到重视，直至注重可持续发展的过程。同时，在行动上也呈现了由点到面、由简单到复杂、由政府"单打独斗"到全民参与，进而到世界各国相互合作的历程。从20世纪60年代开始，发达国家在防治环境污染方面，经历了从注重末端治理到源头与过程控制，即强调预防的转变。在这一变化中我们可以看到，自上而下解决环境问题是关键。也即国家意志和政治意愿是真正解决环境问题的首要因素。而这种意志的体现和意愿的大小则取决于国家经济社会的发展阶段与公众环境保护意识的程度。随着经济的快速发展，我国环境问题日趋严峻，作为执政党，中国共产党在十八大报告中明确将生态文明建设纳入国家发展战略"五位一体"的布局，作为国家治理体系中的重要内容，从政治意愿和国家意志的层面表达了注重环境保护的强烈愿望。转变经济增长方式、调整经济结构、环保科技的创新，引导与刺激性的环境经济政策的制定（诸如环境税、环境补贴、排污交易等市场经济手段），对于促进环境与资源的保护固然重要，严格的法律与不打折扣的执法则是解决环境问题的保障。严厉和公正的环境执法有助于改变"守法成本高，违法成本低"的不公平状态，促使企业和社会公众守法。我国公安机关是依法享有和实施警察权的现代警察机关，警察权更多体现的是一种强制权,这种公权力的天赋就在于可以有效地维护秩序。从一定意义上说,环境问题的出现恰是环境与资源利用中秩序的混乱与破坏。警察机关依法打击环境与资源领域中的违法与犯罪行为,必将有利于维护环境秩序,发挥难以替代的作用。

20世纪80年代中期以来,许多国家大量采用以市场为导向的经济刺激手段治理环境。90年代之后,欧美国家环境保护政策的重点已开始向鼓励公众参与的方向发展,出现了以自愿合作为基础的环境保护手段。这是因为人们开始认识到为实现复杂的环境管理的任务,单凭政府传统的以"命令—控制"为主的环境管制手段已显然不足,且具有局限性,不利于可持续发展目标的实现。德国当代社会学系统科学的代表人物尼克拉斯·卢曼尖锐地提出了针对环境管治模式的怀疑言论:环境问题本身"明确地显示出政治力量需要去完成很多任务,但实际上政府能力何其有限"[1]。当今环境问题的社会性和复杂性需要广泛的公众参与和社会合作。在环境保护中鼓励公众的参与,有利于发挥社会支撑和制衡的作用。环境公共产品可以由私人企业、社区和非营利组织提供。政府在解决环境问题时,"从一个高高在上、包揽一切的权威,到主动寻求专家、公众和工业界的支持,与社会各界建立合作型的伙伴关系,建立容纳多主体的政策制定和执行框架,形成共同分担环境责任的机制"[2]。由此一段时间来看,在环境保护政策领域立法手段和行为体的多样化达到了相当高的程度。当命令和控制方式遇到限制时,合作性政策工具日益成为一种新的可能性选择。然而,相关的实证研究证明,合作以及自我规制政策效果一般,与传统的"命令—控制"路径相比,并没有明显的优势。即使是经合组织国家,近来也改变了之前的观点而对自愿承诺作出批判性的评价:"自愿路径的环境效力还是值得怀疑的……经济效率……通常较低。"[3] 因此,它们建议如果目标无法实现的话,就应该安排和采取直接性的可靠的制裁措施。软性的政策工具只有在国家硬性等级规制支持的情况下才能有效,为了防止前者的失败,国家硬性规制已经作为"门后的大棒"预备在那里。经过一些国家的实践证明,合作性政策工具绝对不能实现对传统的"命令—控制"模式的全面替代,

---

[1] 李挚萍:《环境法的新发展——管制与民主之互动》,人民法院出版社2006年版,第10页。

[2] 同上书,第15页。

[3] OECD, *Voluntary Approaches for Environmental Policy*, 2003, p.14.

即使对于里约环境峰会之后所出现的新的管治模式而言，大约80%的欧盟环境政策措施依然属于"命令—控制"类型。①

基于上述，在一个国家可持续发展战略中，仅仅有雄心勃勃的目标或者基于环境政策整合的管治新路径，不足以取得成功，同时还不能缺少国家职能及其相应的行政管理部门能力的发挥。在我国，警察机关是政府的职能部门，通过行使警察权，以政府的名义运用多种手段实施环境保护是必不可少的。警察机关相对于政府其他部门的特殊性决定了其在国家生态文明建设这一宏大工程中具有重要性，具备发挥作用的特殊条件。具体说来：

（1）警察机关的组织体制具有优势。我国实行的是"统一领导、分级负责、条块结合，以块为主"的警察组织体制。表现为统一领导和分级负责的条块结合。公安部是国务院的一个工作部门，作为中央警察机关，统一领导全国公安机关。此外属于中央警察机关序列的还有专业警察机关。它们是指在中央国家有关部门设置的公安机关。在国务院有关部门内设置的公安机关，行使省级公安机关的职权，该机关的下属机关分别相当于市级或县级公安机关，并享有同级公安机关的职权。在业务上受中央警察机关的垂直领导。例如海关缉私警察机关。

地方各级公安机关的设置，基本上同各级政府的层次相应。包括：①省级公安机关。省、自治区设公安厅，直辖市设公安局。它们是省、自治区、直辖市人民政府的职能部门，负责本行政区域范围内的警务。②省辖市、地区、自治州一级和直辖市所属区的公安机关。在市设公安局，是市人民政府的职能部门。地区设公安处，是省、自治区人民政府派出机关的组成部分。自治州设公安局，是州人民政府的职能部门。直辖市所属区设公安分局，是区人民政府的职能部门。上述公安机关分别负责本辖区范围内的警务。③县级公安机关。在县、市设公安局，市辖区设公安分局，为同级人民政府的组成部分，负责本辖区范围内的警务。④基层公安派出所。在大中城市各街道办事处管辖区和县属的乡、镇设立公安派出所，作为县级公安机关的派出机构，负责所辖地区的警务。至此，警务执法可以延伸至街道乡镇、社区，具备与公众零距离接触的优势，形成了覆盖全社

---

① ［德］马丁·耶内克、克劳斯·雅各布主编：《全球视野下的环境管治：生态与政治现代化的新方法》，李慧明、李昕蕾译，山东大学出版社2012年版，第185页。

会纵横通达的执法与服务网络。而这是政府中其他职能部门难以做到的。

（2）警察机关具备特有的强制力。相对于政府其他部门而言，在我国只有警察机关因行使警察权而具备具有特殊强制力的法定职权。包括：对人身及对财物的行政强制措施；对人身及对财物的行政处罚权；盘问、检查权；使用武器、警械权；优先乘坐交通工具、优先通行、优先使用他人的交通工具、通信工具、场地和建筑物权；交通管制权；现场管制权；技术侦查权；实施刑事强制措施权；等等。笔者认为，上述这些带有明显强制性的权力，未必在环境保护的实践中时时处处都会运用，但强制性权力的存在本身即具有意义，即它的存在对于环境污染与破坏的行为人能够形成有力的震慑。此外警察机关在必要情形下的介入，独立执法或配合环境行政主管部门执法，体现执法刚性，对于解决持久性的环境难题也是无可替代的。

（3）警察机关具有快速反应（应急）能力。现代社会是"风险社会"，在高度发达的现代化和工业化进程中，来自人类自身行为的风险，其中包括环境污染与破坏，威胁着人的生命、健康、安全以及社会秩序。对此，在环境保护中必须强调应对突发环境事件的机制与能力。我国警察机关110快速指挥报警机制为公众所熟知的接处警平台，它同样亦可在处置环境突发事件中发挥重要作用。此外，我国法律还赋予警察机关及警察人员在完成特殊任务或遇有紧急情况下，出于排除障碍或防范危害的发生及扩大的目的，依法行使一些特殊的权力。这些权力具体包括：紧急管制权，紧急排险权，紧急征调使用权。在紧急事件的应急处置中，警察机关可以发布通告或下达命令，依法对有关道路及场所限制通行或停留，以及对过往车辆、人员实施检查、盘查等。在环境保护的应急处理中警察机关可以运用上述机制和权力实现救助、限制、保护等目的。

（4）警察机关严格的规范化执法。政府取信于民的重要方面就是执法具有公信力。而执法的公信力在很大程度上取决于严格的规范化执法。在此方面公安执法在积极适应社会主义民主政治的要求，坚持严格、公正、文明执法方面走在了政府职能部门的前列。[①] 公安执法规范化的主要

---

[①] 2008年11月12日和2009年3月10日公安部先后印发了《关于大力加强公安机关执法规范化建设的指导意见》《全国公安机关执法规范化建设总体安排》，积极推动公安执法规范化建设。

内容包括：①树立正确执法思想。以执法为民为核心，把维护社会公平正义作为首要价值追求。坚持法治意识、人权意识、证据意识、程序意识、自觉接受监督意识，坚持带着对人民群众的深厚感情执法，努力实现理性、平和、文明、规范执法。②执法主体规范化。即要求执法主体合法、合格。各级公安机关和公安民警应在其法定职权范围内，依法定程序实施执法行为，同时应具备与执法岗位相适应的执法知识和执法技能。③执法制度规范化。即把公安执法行为的各环节都程序化、法制化，使广大公安民警养成规范执法的习惯。让执法者在遇到具体执法问题时，知道该干什么、怎么干、干到什么程度，这既从源头上规范了执法，也能有效化解执法风险。④执法行为规范化。即公安机关及其人民警察的一切执法行为应当严格按照法律规范规定的人民警察职责、执法程序、执法方式等进行，全面贯彻理性、平和、文明、规范的执法要求，提高公安机关的执法能力和执法公信力。执法行为是否规范，直接影响执法质量、执法形象和执法效果。在建设生态文明社会中，警察机关执法的介入，无疑会有助于提升政府在环境保护中的公信力。

我们注意到，一些学者们往往避而不谈关于警察机关在环境保护中的作用，或其在生态文明建设中作用的发挥。究其个中缘由皆因对警察权的高强制性与扩张性的疑惑与担忧。事实上，"在当今社会，警察是国家维持统治秩序和社会安全的必要工具，任何一个国家、社会及人民都需要一个强有力的、能够保障社会安宁和百姓平安的警察队伍。但是，与此同时，人们又往往害怕警察的权力过于强大会反过来侵害社会或者人民的权益，因此希望对警察的权力予以限制和约束。这反映出人们对警察的矛盾心态：一方面需要足够强大的警察权力，以适应维护秩序、保证公共安全的需要；但另一方面又希望警察的权力能够受到有效地制约和束缚，以免侵犯个体的合法权益"[①]，防止回到警察国[②]时代。这实际上涉及警察权行使的限度问题。现代国家强制的范围随着其权力的日渐膨胀而几乎扩张到

---

[①] 陈卫东、石献智：《警察权的配置原则及其控制》，《山东公安高等专科学校学报》2003年第9期。

[②] 警察国（police state）是指政府不受法律的约束，直接凭借警察力量维持政治统治和社会秩序的国家。警察国家的统治者蔑视法制，任意侵犯公民的合法权益，随意逮捕公民、检查书报、干涉个人私生活。该定义的内涵包括：第一，警察国家不是法治国家，政府权力不受制约；第二，统治直接凭借警察力量；第三，不尊重公民权利，没有言论自由和个人隐私等。

社会生活的所有领域，变得更加普遍和广泛。作为有组织的强制机构，警察机关首先旨在实施一种法律的强制，而它应是一种合乎理性的强制。警察机关是国家重要的强制力量。马克斯·韦伯认为："强制机构应该称为这样一个团体，它按照章程规定的制度，在一个可以标明的有效范围内，相对而言，卓越有成效地强加给任何一种按照一定特征可以标明的行为。"① 应该说，这种警察强制，作为国家组织结构及管理方式的有形强制，如警察机关在环境保护中的执法行为过程及其采取的行政和刑事强制措施，不只是针对相对人行为的，而往往由行为强制变成一种对相对人无形的心理强制、思想强制和情感强制以至精神的规训，使人们对生态环境保护的理念与行为规则深谙于心，形成日常习惯。"通过执法改变社会以促进社会制度的创新进而实现一个正义的和谐的社会的作用是重要的，但并不像眼下人们所说的那样不得了。"② 因此，关键在于如何理性和科学地认知和行使警察权。警察权作为现代社会管理的一柄"双刃剑"，通过有效规制抑制其可能出现的消极作用，发挥其在生态文明建设中的独特的积极作用，必将有力助推国家环境治理的现代化进程。

## 二 生态文明建设背景下警察执法的生态化趋势

警察执法生态化是我国警务发展的一种趋势，它是伴随国家生态文明建设，为保护生态环境而所做出的时代变革。是警察权介入环境安全保卫的表现，目的是维护国家环境安全与环境秩序，最终形成国家与社会可持续发展的态势，保障经济社会的可持续健康发展。

首先需要明确的是这里所谓之"生态化"不是生态学意义上纯自然的生态化，而是一个具有哲学意蕴的概念，它是指自然、经济、社会和人类之间的平衡相依、协调发展的状态和过程。③ 生态化是一种科学发展理念，它是在反思传统的以经济增长为唯一价值目标的基础上，提出的价值取向，即在经济可持续高质量增长的前提下，谋求自然生态平衡、社会生态和谐有序，最终促进人的自由全面发展。也就是追求经济生态化、自然生态化、社会生态化和人的生态化的有机统一。笔者认为，所谓警察执法

---

① ［德］马克斯·韦伯：《经济与社会》（上卷），林荣远译，商务印书馆1997年版，第80页。
② 张彩凤：《警察与法律》，中国人民公安大学出版社2013年版，第204页。
③ 彭福扬、刘红玉：《论生态化技术创新的人本伦理思想》，《哲学研究》2006年第8期。

生态化是指以生态文明为导向,以生态科学为依托,将警察权介入生态保护作为环境保护重要手段之一。即明确警察权在生态文明建设中的基本价值取向,并运用专门力量,以环境生态安全和环境生态秩序为保障目标,强化警察机关环境安全保卫职能的趋势与过程。它是生态化理念向警察执法领域渗透与延伸的结果。体现为以生态学原理来指导警务活动。以立法角度观之,警察执法生态化主要是在日益严重的环境危机境况下所采取的制度上的因应策略。通过警察执法生态化,充分发挥警察执法在国家环境监管中的作用。警察执法生态化的内涵具体包括两个方面:一是借助警察权强化环境安全保卫,打击环境违法与犯罪;二是警察权自身的生态化过程。诸如警察环境保护意识的树立,执法中运用生态思维等。

警察执法生态化的意义在于:

(1) 警察执法生态化有利于提高我国环境治理能力。中国的绿色发展需要最严格的环境保护制度。一方面,近年来我国经济社会发展对生态环境质量产生了一系列破坏;另一方面,人类迈向生态文明社会对生态环境质量有着更高的要求。这对我国在发展过程中的环境治理能力提出了挑战。最严格的环境保护制度也正是在解决这种矛盾的过程中被提出的。我国的生态环境治理正由政府一元单向的管理,向政府、市场、社会和民众多元交互共治转变。近年来,我国在环境治理方面采取了一系列措施,取得了明显成效,但由于我国现阶段仍处于工业化、城镇化进程中,环境污染总体形势仍不容乐观。因此,建立和完善最严格的环境保护制度,是我国生态文明制度建设的必然要求,是我国建设生态文明社会的最新政策命题之一。警察执法生态化就是在自身职责范围内以更加专业化和技术化的手段实现对环境违法与犯罪的严厉打击,是最严格环境保护制度的重要体现,能解决政府在环境治理中的欠缺,增强环境执法力度,从而有利于提高整个国家环境治理能力。

(2) 警察执法生态化有利于增强公安民警环境意识。环境意识是人的头脑对环境和环境保护的反映,也是对其感觉、思维等各种心理过程的总和。表现为对环境及环境保护的认识水平和认识程度。具有环境意识,人们就会主动协调人与环境、人与自然的相互关系,树立保护环境的自觉性,为保护环境而不断调整自身行为(包括经济活动)。它具体包括两个方面的含义:一是人们对环境及环境保护的认识水平,即环境价值观念,包含心理、感受、感知、思维和情感等因素;二是指人们保护环境行为的自觉程度。① 警察执法生态化首先是警察权行使观念价值取向的生态化。警察权的行使中要把人与自然和谐共存的价值理念融入其中，树立人与自然和谐共生的新观念，追求生态公正，维护环境秩序与安全，形成有利于促进人、自然、社会和谐发展的生产方式、生活方式。在这一过程中，公安民警的环境保护的认识水平和认识程度将不断得到提高。

（3）警察执法生态化为构建环境警察制度打下基础。环境警察制度是警察执法生态化的集中体现。警察执法生态化体现在价值取向、警察权行使主体、警察权配置及警察权的运行等诸多方面。而环境警察制度构建与实施是建立在警察执法生态化的基础之上，是在警察执法生态化这一趋势下应运而生的，是现代警察机关环境保护功能的具体落实。在国家治理体系与国家治理能力现代化的大背景下，体现了环境治理方式方法的创新。

## 三 警察执法生态化的表现

警察执法生态化既然是一种趋势，那么在这一趋势之中警察权将会发生怎样的变化？笔者认为警察执法的价值取向、权力的行使主体、权力的配置以至运行都将发生重要变化。具体来说：

（一）警察执法的价值取向的生态化

价值取向（value orientation）是价值哲学的重要范畴，是指一定主体建立在自身价值观的基础上，在面对或处理各种关系、矛盾及冲突时所秉持的基本立场、态度以及基本价值追求。价值取向具有实践指向性，决定、支配主体的价值选择及行为方式，因而价值取向对主体自身及其他主体均会产生重要的影响。

警察权作为国家公权力，其功能就在于社会控制，自由与秩序是其基本的价值选择。然而，随着生态文明建设的推进，警察执法的价值取向也必将随着全社会生态文明理念的形成发生变化，表现为警察权价值取向的生态化。也即警察执法要把人与自然和谐共存的价值理念融入其中，树立人与自然和谐共生的新观念，维护环境秩序与安全，形成有利于促进人、自然、社会和谐发展的生产方式、生活方式。追求生态公正，促使整个社会经济建立在节约资源的基础上，使人类的生产和消费活动与自然生态系

---

① 边柳、高更和：《论公众环境意识与政府环境行为优化》，《重庆文理学院学报》（社会科学版）2010年第3期。

统协调可持续发展；保证每个市民能够在蔚蓝的天空下呼吸新鲜的空气，喝着洁净的水，吃着无污染的美食佳肴，健康水平和生活质量日益提高。而生态化理念强调通过政策法律制度体系的创新和公共产品供给力度的加大，实现生态公正，使每个社会成员能平等地利用自然资源、享受优美环境，根据实际享受的环境权益平等地履行相应的环境义务；并保证子孙后代能永续利用自然资源和享受优美环境。在此前提下，警察执法应牢固树立生态意识。此外，警察权的价值取向的生态化还要求在环境保护领域坚持以人为本。以人为本是一种对人在生态文明建设中的主体作用与目的地位的肯定，是一种立足于解放人与为了人并实现人的自由全面发展的价值取向。作为一种思维方式，以人为本把对人的主体地位、目的地位与主体作用的肯定，把人民群众的根本利益（包括物质利益、政治利益、经济利益和生态利益）作为经济社会发展的最终目的和归宿，强调人在经济社会发展中的主导地位和作用，不但关注满足人们的物质文化需求，而且注重满足人们对优美自然环境与和谐有序社会环境的需要，重视现实活动中人与自然、人与社会、人与自身和谐中的集成效应，实现人类社会的可持续发展。

（二）警察执法主体的生态化

警察执法主体是指依法享有警察权的组织。在我国，警察权行使的主体主要是指各级各类警察机关。警察执法主体的生态化就是指警察机关因应生态文明社会建设需要，在组织机构、执法体制上做出的调整与变革。警察权如何在环境生态保护中发挥作用呢？它必须借助一定的形式和载体。也就是说，在警察机关内部需要有相应的组织机构来具体承担环境保护的任务。我国《环境保护法》[①] 第10条规定："国务院环境保护主管部门，对全国环境保护工作实施统一监督管理；县级以上地方人民政府环境保护主管部门，对本行政区域环境保护工作实施统一监督管理。县级以上人民政府有关部门和军队环境保护部门，依照有关法律的规定对资源保护和污染防治等环境保护工作实施监督管理。"依此规定，我国的环境生态监管体制是以政府环境行政主管部门实行统一监督管理，有关部门分别在各自领域对环境污染防治实施监督管理的模式。其中，公安机关即是监

---

① 1989年12月26日第七届全国人民代表大会常务委员会第十一次会议通过，2014年4月24日第十二届全国人民代表大会常务委员会第八次会议修订。

管部门之一。然而却没有法律进一步规定在公安机关内部这一职责的具体承担者，以致在实践中让人感觉徒有其名。久而久之在人们心里"名"也不复存在。近年来，随着环境问题的日益严重，政府在采取措施加强环境保护及强化环境执法上给予了高度重视。公安机关在解决环境问题上的特殊作用得到关注。一些地方开始尝试在公安机关内部设置专门执法机构办理或协助环境行政主管部门办理环境案件。可以预见，在不久的将来，随着生态文明建设逐渐走向深入，在警察机关内部建立专门环境执法队伍会成为一种普遍现象。警察执法主体的生态化将成为现实。此外，笔者认为，警察执法主体的生态化也应包括警务人员环保意识的树立与提高。例如，我国香港警察机关就十分重视通过教育及宣传提高警队人员的环保意识，并鼓励他们参与保护环境的工作，在警队推广环保管理措施。警队致力于通过各项方法保护环境，提倡警队人员抱持对环境负责的态度，在执行工作时，有效地使用资源、减少消耗和防止污染。[1] 作为一名警务执法人员自身若无良好的环境意识和素养，缺乏环境保护的责任感，便很难在打击环境违法与犯罪上倾注全力。

（三）警察权配置的生态化

警察权配置是指警察权在不同机关和部门中转化为各种具体警察职权的过程。这个过程首先涉及这个部门是否拥这类警察职权，其拥有这类警察职权的范围和强度有多大。当然也涉及这类职权行使的条件、程序和监督救济问题。[2] 从我国警察权的配置的特点来看，一是职权配置所依据的法律规范效力等级有不同，有宪法、法律、法规、规章，也有政府规范性文件；二是所配置的警察职权具有两种性质，即行政职权和刑事侦查职权；三是从警察职权配置的内容要求看，强调了警察职责与权限的统一。结合现实情况来看，警察权配置的生态化应包括在警察机关内的配置和在非警察机关的配置。

（1）在警察机关内的配置。根据配置警察职权的法律来源不同，可以分为依组织法配置的固有职权和依单行法配置的授予职权。前者是依政府组织法和警察法等有关法律规定，自警察机关成立之日起就依法拥有的

---

[1] 参见《香港警务处 2010 年环保报告》，http：//www.police.gov.hk/ppp_tc/01_about_us/doc/report10_tc.pdf。

[2] 高文英：《我国社会转型时期的警察权配置问题研究》，群众出版社 2012 年版，第 154 页。

职权。后者则是有权机关通过单行法律法规的规定，将特定警察职权配置给某一具体机关或者部门的警察职权。笔者认为，在警察机关内部警察权配置的生态化主要体现在通过单行法的授予职权上。例如，通过《环境保护法》明确公安机关具有对环境污染防治实施监督管理的职权；通过《治安管理处罚法》授予公安机关对制造生活噪声干扰他人正常生活的行为人施以处罚的权力等。相信在日益重视生态环境保护的大背景下，通过单行法授权警察机关更多的涉及保护生态环境的职权会呈上升趋势，体现警察权配置的生态化。

（2）在非警察机关的配置。通过立法授予非警察机关，譬如政府环境保护主管部门，以一定警察权，这在国外有之。[①] 在我国，政府环境行政主管机关在环境监管中是否可以被授予一定警察权也曾为人们所设想，但结合我国国情及司法改革的精神，"部门办公安"的做法不符合未来发展方向。

（四）警察权运行的生态化

警察权运行的生态化，是指在运用警察权实施环境执法时，其实施过程应符合生态科学的基本规律和要求。例如，环境违法犯罪案件的调查取证，以及办案程序、时限等都与公安机关办理其他案件有明显不同。警察权的运行规则在涉及环境生态保护、办理环境违法与犯罪案件时应尊重环境科学，符合生态规律要求的精神。例如，涉及环保案件中的证据鉴定相对于普通案件的办理，有时需要较长时间才能获取，此时如按照公安机关办理行政案件或刑事案件的程序要求就可能超时限，从而导致违法办案。故此，警察权运行的生态化旨在通过程序上的变革，以体现警察权运行的生态化。除此之外，笔者认为，警察权运行的生态化还可以从另一重意义上进行探讨，即警察权自身的运作如何体现可持续发展的环境观、资源观和经济观。

## 第四节 环境警察制度的核心——环境警察权

### 一 环境警察权的概念及构成要素

环境警察权，是指环境警察执行有关环境保护法律规范，制止、惩罚

---

① 例如，在美国环保署（EPA）部分执法人员通过国家授权法案获得执法中的警察权。

环境违法行为，侦查、打击破坏环境资源保护的犯罪行为的权力。环境警察权的来源方式包括权力设定、内部分配、行政授权、委托等。它是警察权的组成部分，具有行政和刑事双重属性。就其构成要素来看，包括：

（1）环境警察权的主体。是指权力的享有者、行使者，即能够以自己的名义执行法律、命令，从事打击环境违法犯罪的警务活动，并承担相应法律责任的组织。在我国环境警察权的主体是公安机关。有的国家环境警察权的行使主体不限于警察机关。

（2）环境警察权的客体。即环境警察权作用的对象。是指环境保卫关系中的相对一方，包括企事业单位、自然人等。

（3）环境警察权的实施方式。基于环境安全保卫关系的需要，环境警察权既包含有行政执法权，也包含刑事侦查权。在实施方式上包括通过制定立法、规则，实施强制措施、处罚，侦查环境犯罪行为等。

需要明确的是，环境警察权与环境监管权是不同的。环境监管权是环境行政主管部门以及其他具有生态系统要素管理职能的政府部门，在各自资源管理权限范围内行使的以环境保护为直接目的的，对环境与资源进行监督管理的职权的总称。其权力的性质为行政性。环境警察权中的行政权能与政府部门的环境监管权之间应避免出现权力的交叉重叠甚至矛盾。而在打击破坏环境与资源保护的犯罪上，警察权作用的发挥则是无可替代的。

## 二 环境警察权的渊源与配置

环境警察权来源于《人民警察法》《环境保护法》《刑法》，以及《治安管理处罚法》等中的相关规定。例如，《人民警察法》第6条赋予公安机关及其人民警察依法预防、制止和侦查违法犯罪活动的职权；《环境保护法》第69条规定违反该法构成犯罪的，依法（由公安机关）追究刑事责任。两部法律并行构成了公安机关打击环境刑事犯罪的合法性依据，即刑事司法领域环境警察权的运作前提。当前，我国环境警察权主要集中设定于刑事司法领域。

在行政法领域，由于世界范围内经历了"脱警察化"的历史进程，环境行政管理与行政处罚事项已逐步从警察权中剥离出来，在我国亦如是。当前，绝大部分环境行政事项归属于生态环境行政主管部门，涉及城市管理的环保事项则由城管部门负责，已不再被归入警察权管辖事项。但

《环境保护法》第 63 条创设了环境行政拘留，并将这一权限划归公安，构成环境警察行政拘留处罚权的合法性来源。噪声污染和危险化学品管理属于环境行政中的特殊领域，它们不仅是生态环境保护事项，还辐射到社会治安领域，因而警察权并未从这两类环保行政事项中完全退出，其行政管理和行政处罚的权限仍部分地归于公安机关。《环境噪声污染防治法》和《人民警察法》分别将社会生活噪声、交通运输噪声的污染防治和易燃易爆、剧毒、放射性等危险物品公共安全管理的职权授予公安机关；《治安管理处罚法》第 58 条还明确规定了公安机关针对制造噪声干扰他人正常生活违法行为人的行政处罚权。因而从现有法律依据看，环境警察权仍部分存在于环境行政执法之中。

环境警察权的内部分配使其行使更加细化，其本质是对已经创设的环境警察权通过行政法规和部门规章进行二次配置。根据《环境保护行政执法与刑事司法衔接工作办法》，环保部门在查办环境违法案件过程中，发现涉嫌环境犯罪案件应向同级公安机关移送，因此环境犯罪侦查在实践中成为各地环境警察的主要职责。同时，根据《行政主管部门移送适用行政拘留环境违法案件暂行办法》，公安机关有权适用环境行政拘留，在设立环境警察队伍的地方多交由环境警察负责适用。需要注意的是，我国在林区设立了隶属于林业主管部门的森林公安机关，涉及森林的环境行政拘留和环境犯罪侦查权由森林警察行使。因而环境行政拘留权和侦查权依据是否属于林区而由地方公安机关和森林公安分掌。噪声污染防治方面，虽然社会生活噪声和交通运输噪声的污染防治都被纳入警察权，但在具体分配上，考虑到职权行使的便利性，后者依据《道路交通安全法实施条例》第 62 条和《公安部交通管理局关于做好城市禁止机动车鸣喇叭工作的通知》被划归交通警察负责，纳入交通警察权，故只有前者可纳入环境警察职权。[①] 在危化品管理方面，《危险化学品安全管理条例》明确了

---

① 但是，根据 2017 年《城市管理执法办法》和《中共中央国务院关于深入推进城市执法体制改革改进城市管理工作的指导意见》，社会生活、建筑施工噪声的管理和处罚均划归城管，由此给人的印象是生活噪声的治安属性弱化，而被视为纯粹的城市环境管理事项，似很可能从警察权中完全剥离。然而依据《环境噪声污染防治法》（1996 年 10 月 29 日，第八届全国人民代表大会常务委员会第二十二次会议通过，1996 年 10 月 29 日中华人民共和国主席令第七十七号公布，自 1997 年 3 月 1 日起施行。2018 年 12 月 29 日，第十三届全国人民代表大会常务委员会第七次会议对《环境噪声污染防治法》作出修改）第 58 条和《治安管理处罚法》第 58 条规定，笔者认为，应以现行法律依据为准。

公安机关对剧毒化学品购买和道路运输通行行使许可权,并对危化品日常公共安全及其运输车辆的道路交通安全进行管理和处罚的职权。虽然危化品管理原则上划归环境警察,但基于行政事务的自身属性以及职权行使的便利性,剧毒化学品道路运输通行许可及危化品运输车辆的道路交通安全管理职权被从中析出,归于交通警察。

从以上对环境警察权的来源要素分析可以看出,我国环境警察权主要定位于环境行政处罚中的行政拘留权和环境犯罪侦查权,目前除噪声防治和危化品管理这样的特殊领域外,警察权几乎完全从环境行政领域撤出。这与近代以来国家法治主义主张限缩警察权,促使其从很多无须警察强制的行政场域退出的潮流相关,也与新中国成立以来警察概念的政治化有关——对于并不危及国家统治秩序和公共安全的事项,警察不再有介入的必要性。

经过行政法规和规章二次配置的环境警察权在管辖上需要通过行政授权做进一步分工。地方环境警察总队、支队和大队各级的管辖权分工属于行政授权性的来源方式。笼统地说,根据公安机关组织授权原则,大队在其所属的县一级对环境案件行使管辖权,中队在地级市范围内对跨县域环境案件进行组织、指导、协调或直接行使管辖权,总队则在省一级范围内对跨市环境案件进行组织、指导、协调或直接行使管辖权。同时,各级环境警察对于同级环保部门移送案件以及同级党委政府和上级公安机关交办的环境案件行使管辖权。

随着国外警务社会化(民营化)理论与实践的展开,以及我国辅警大量参与警察任务的现实,环境警察权当然也存在通过委托方式获得的可能性。但是,目前根据我国《行政处罚法》第18条、《行政强制法》第17条以及《关于规范公安机关警务辅助人员管理工作的意见》等法律法规,通过委托的方式获取的警察权极为有限。其中,协助盘查、堵控有违法犯罪嫌疑的人员、保护案事件现场及制止环境违法犯罪行为等职责可以委托辅警承担,但案件的现场勘查、侦查取证、事故责任认定、执行强制措施、审讯或独立看管违法犯罪嫌疑人等实质性职权不得委托。在一般刑事案件中,技术鉴定须由公安机关刑事技术部门负责,不得委托。但由于环境犯罪中技术鉴定难度较大、专业性强,公安机关难以承担,因此在实际操作中只能委托具备资质的环境检测机构进行。

环境警察权的主体是环境警察权的行使者,这意味着其履行打击环境违法犯罪行为的职权，也承担由此而产生的法律责任。一般而言，环境警察权主体属于行政权力主体的一个子类，后者既包括在行政管理过程中的行政组织，也包括组织内部实际运用行政权力的工作人员。因此环境警察权的主体要素也应当包含两个维度，即环境警察主管机构和作为个体的环境警察。一般而言，抽象环境警察权只能由环境警察主管机构行使，如掌握环境犯罪动态，分析犯罪信息和规律，拟定预防、打击对策，落实环境安全保卫工作规范，组织、指导、协调侦办涉及环境犯罪的刑事案件等，而具体的环境警察权如环境犯罪案件侦查、搜查、先期处置、强制措施执行等则由环境警察个体具体负责。在我国，中央一级未成立专门的环境警察机构，全国的环境警察职责主要由公安部食品药品犯罪侦查局承担①。在地方，近十年来不少地方公安机关已经进行了环境警察专业化的尝试，采用队建制形式成立了专门的环境警察队伍。我们认为，从我国生态法治建设长远发展看，在公安机关成立专门打击环境违法犯罪的专业队伍是十分必要的。②

---

① 2019 年年初，公安部组建食品药品犯罪侦查局统一承担打击食品、药品和知识产权、生态环境、森林草原、生物安全等领域犯罪职责。

② 此部分参考了笔者主持的中国法学会 2017 年度部级法学研究课题"环境警察执法机制研究"［CLS（2017）D170］阶段性成果——化国宇：《我国环境警察权的基本构成要素》，《中国人民公安大学学报》（社会科学版）2018 年第 4 期。

# 第二章 环境警察制度的内涵与本质

警察权介入生态环境保护需要借助组织结构与行为规范并通过制度设计加以体现。而这一制度便是环境警察制度。

## 第一节 环境警察制度的内涵、本质

### 一 环境警察制度的内涵

所谓环境警察制度是指警察机关及其警察人员在法定职责范围内，运用警察权对环境与资源保护领域的违法行为实施制裁、对犯罪行为进行侦查的一系列法律规范的总称。对于这一制度的理解包含以下方面：（1）环境警察制度是警察权在生态环境保护领域中行使的制度。它是围绕着警察权有关生态环境保护的行使所确立的一系列法律规范的总和。警察机关依法制止、惩罚环境违法行为，侦查、打击破坏环境资源保护的犯罪行为的权力可称为环境警察权。环境警察制度既包括环境警察权行使主体制度，也包括环境警察权运行制度。（2）环境警察制度是一种综合的法律制度。环境警察制度中既包含了环境警察行政执法的法律制度、行政执法与刑事司法衔接制度，也包含了环境警察打击破坏环境资源保护犯罪的刑事法律制度。而在这其中，打击破坏环境资源保护犯罪的刑事执法占据了主要部分。（3）环境警察制度还包含了较强的环境科学技术的内容。环境警察执法过程中不仅涉及法律问题，同时由于执法标的有关生态环境，必然还要包含有关环境的标准、污染的指标等科学技术规范与内容。它是针对生态环境安全保卫执法而探讨建立的一种制度，旨在保卫生态环境安全与维护环境秩序。通过建立环境警察组织，明确执法规则及规范要求，对环境违法犯罪行为实施有效遏制。

## 二 环境警察制度的本质

在制度经济学家看来，制度也即约束和规范个人行为的各种规则。[①] 它是以执行力为保障的，同时是一种协调利益关系的机制。制度是能动的，同时也体现着历史的变迁。构建现代环境警察制度首先应对其本质有明确认识。笔者以为环境警察制度的本质应从以下三个方面进行认知：

（一）环境警察制度属于一个历史范畴

通常一个制度形成于不同的历史发展过程之中，本质上属于一个历史范畴，它根源于社会的经济基础。当下我国在发展的阶段上，仍处于工业化、城镇化进程之中，资源约束趋紧、环境严重污染、生态系统退化的严峻形势依然困扰着我们。而今世界范围内的生态现代化发展已成为大势所趋，为建设生态文明社会，实现可持续发展，必须建立和完善最严格的环境保护制度，而环境警察制度则应成为最严格环境保护制度体系中的具体制度安排之一。任何制度的产生都与社会发展进程中人的利益选择密切相关，与人的行为动机存在内在联系。因此，环境警察制度恰是因应我国当前以至将来相当长时期生态环境保护及生态文明建设这一历史时期要求的必然结果。历史的发展为环境警察制度体现其存在价值提供了场所。

（二）环境警察制度属于一个关系范畴

一般来说，制度是对社会主体要素和客体要素的存在的整合，在本质上又体现为一个关系范畴。制度促使相关对象之间互相发生作用，并使其相互之间产生联系。环境警察制度中体现了环境安全保卫关系。警察机关从维护国家安全和秩序出发，运用警察权对危害环境安全、有碍环境秩序的社会成员实施制裁，保卫国家、公民环境利益。在环境安全保卫关系中，环境警察代表国家对违反环境保护法律，触犯治安管理法，特别是触犯刑律者依法进行制裁。在这一过程中体现了政府、企业、个人基于环境安全保卫所形成的相互关系。以法律视角观之，环境安全保卫法律关系其性质主要体现为涉及环境安全的刑事法律关系及治安行政法律关系。而这种法律关系一方主体必为警察机关。体现于这种法律关系中的执法手段包

---

[①] 如旧制度经济学派代表人物之一约翰·罗杰斯·康芒斯（John Rogers Commons，1862—1945）、著名经济学家 T. W. 舒尔茨（美国经济学家，1979 年诺贝尔经济学奖获得者），以及后来学者属于制度经济学派的德国人柯武刚及史漫飞，日本经济学家青木昌彦等，对制度所下定义均无明显差异。

含了带有明显的限制人身自由的强制性。

(三) 环境警察制度属于一种规范范畴

对制度的判断中最无可争议的就是制度告诉人们能够、应该、必须做什么，或者是相反。这就道出了制度作为一个规范范畴的本质。道德、法律都可以借助规范的形式体现制度的内容。而法律则是制度的最高和最主要的形态。制度体现了规则、条文等规定性约束条件。它是制度的基础性层次，为制度功能作用的发挥构筑框架，是制度稳定性的来源和保障。环境警察制度即是调整人与人之间环境保护社会关系的，并通过具有一定目标，体现客观强制性保障实施的行为规范的总和。体现于规范范畴的环境警察制度具有明确的成文性、规定性和高度的强制性。其目的是通过规定和执行规则来维护特定的环境秩序。罗尔斯认为："社会的制度形式影响着社会成员，并在很大程度上决定着他们想要成为的那种个人，以及他们所是的那种个人。"[①] 在环境警察制度面前，人们的行为被规范、修正或因否定评价而受到制裁。笔者认为，一定的环境秩序状态决定于制度的规则设定与执行。

## 第二节 现代环境警察制度的客观性与主观性

观之于哲学的视野，环境警察制度在现实之中具有客观性与主观性。就客观性而言，它是在现代社会环境风险不断加大，增强监管的社会呼声持续提高中应运而生的，体现了社会发展的必然性；就主观性而言，环境警察制度的实施模式与内容是人们可以选择和设计的。

### 一 现代环境警察制度的客观性

一般地，制度的客观性体现了制度形态的历史必然性、制度内容的客观必然性及制度本身的客观独立性三方面。在此，我们需要探讨环境警察制度在现代社会条件下建立的客观必然性，以及相对于其他制度的客观独立性。

(一) 现代环境警察制度建立的必然性

为更好地维护环境安全与秩序，实现环境正义，建立环境警察制度乃

---

[①] [美]约翰·罗尔斯：《政治自由主义》，万俊人译，江苏译林出版社2000年版，第285页。

是明智的选择。

就我国环境警察建立的必然性而言，笔者认为，一个国家环境警察制度的建立是该国全社会环境保护意识发展到一定水平的必然结果。环境保护理念是一定的环境保护制度得以产生的观念先导，坚持可持续发展的思想，切实维护公民的环境权益是环境警察制度赖以产生和存在的价值观念。在我国尽快建立起环境警察制度对于有效控制环境风险、保障民生、解决环境执法软弱等均有重要意义，同时它也是警察执法规范化与警务创新的体现。具体来说：

（1）建立环境警察制度是应对我国严峻的环境现实，有效控制和化解环境风险的需要。在现实中，由于一些企业和个人的环境违法与犯罪行为，极可能造成一定范围内的环境严重污染、生态资源受到严重破坏，环境风险加剧。如近年来我国已多次出现因企业违法排污或重大责任事故导致一些水域水体严重污染的事实，一再告诫我们必须加强对环境风险的防控。而防控环境风险的重要措施之一就是建立我国的环境警察制度。环境警察是为保护环境公共利益而行使权力，这对于养成企业、社会公众的环境道德心与自警心也具有重要意义。通过环境警察强有力的执法，可以在较大程度上做到预防、控制和化解环境风险。

（2）建立环境警察制度是保障民生，切实维护公民环境权益的重要体现。公民的环境权益是关系民生的基本问题。"环保惠民，促进和谐"是我国环境保护"十二五"规划中确定的基本原则之一。坚持以人为本，将喝上干净水、呼吸清洁空气、吃上放心食物等摆上更加突出的战略位置，切实解决关系民生的突出环境问题。2016年3月发布的国家"十三五"规划纲要中，明确提出了加快改善生态环境，加大环境综合治理力度。强调创新环境治理理念和方式，实行最严格的环境保护制度，强化排污者主体责任，形成政府、企业、公众共治的环境治理体系，实现环境质量总体改善。通过建立环境警察制度，对环境违法与犯罪行为实施有效打击，是政府提供公共产品与服务的体现，有利于维护人民群众环境权益，促进社会和谐稳定。

（3）建立环境警察制度是环境执法现状的迫切需求。环境执法难是长期以来开展环保工作、查处环境污染案件中反映出的普遍难题，主要表现为生态环境保护的执法力量相对较弱，环境执法缺乏应有的刚性。建立环境警察制度，在执法上通过环境警察的介入可以在很大程度上解决这一问题。例如，2018年，江苏省公安厅会同5部门联合打击整治长江流域污染环境违法犯罪。3月12日，江苏省公安厅、环境保护厅、住房和城乡建设厅、交通运输厅、水利厅、江苏海事局共同签发文件并下发了行动方案，决定从当日起至年底，在江苏南京、无锡、常州、苏州、南通、扬州、镇江、泰州沿江八市组织开展长江流域江苏段污染环境违法犯罪集中打击整治行动。行动以"共抓大保护、不搞大开发"为导向，以期通过打击、整治，推动江苏境内长江流域生态环境保护。另据江苏省公安厅提供的统计数据，2017年以来，江苏省公安厅会同相关职能部门，曾组织开展以打击水污染犯罪为重点的"清水蓝天"专项行动，在全省范围共侦办污染环境犯罪案件534起，抓获犯罪嫌疑人1217名，其中涉及向长江等重点水域非法排放倾倒污染物犯罪案件40起，抓获犯罪嫌疑人165名。[①] 事实证明，警察权在生态环境执法领域的介入有力地打击了环境违法与犯罪行为。

（4）建立环境警察制度是警察执法规范化和警务专门化的具体表现。建立环境警察制度也是顺应警察执法规范化的要求，[②] 一方面将现有法律中有关警察涉及环境保护执法的内容归拢起来由专门的执法主体来实施，保证执法质量；另一方面体现警务资源的优化组合，涉及环境与资源保护的执法由专门的警务人员来负责，并配合综合性的执法，这是警务专业化的表现。环境警察专门化，并建立警察执法与生态环境执法沟通协作机制，有利于提高环保领域的执法效能。事实上，20世纪90年代欧洲国家就已开始探究警察、检察官或者是刑事法院是否应该专门化，并认为这可能会是解决环境犯罪法律实施的可行之路。在我国，环境司法专门化理论已为学界所关注，其理论成果业已在实践中得到运用。环境警察制度体现了警务专门化和执法规范化的要求。

明确了环境警察制度建立的必然性，附带而来的是现实中是否具备可行性？笔者认为，答案是肯定的。首先，一些国家设立环境警察的成功范例可以借鉴。世界范围内发达国家也好，发展中国家也好，很多都建立了

---

[①] http://www.gov.cn/xinwen/2018-03/16/content_ 5274737.htm。
[②] 2013年6月26日召开的第十二届全国人大常委会第三次会议听取了国务院关于公安机关执法规范化建设工作的报告。报告中提到力争通过三到五年的努力，基本实现执法队伍专业化、执法行为制度化、执法管理系统化、执法流程信息化……公安机关执法水平和执法公信力显著提高。

环境警察队伍,专司打击污染环境、破坏生态资源保护的违法犯罪行为。尽管存在体制与机制上的差异,但无一例外地行使着警察权,在维护人与生态环境和谐有序上发挥着无以替代的作用。[①] 可以通过吸取外国的经验,建立对应我国国情和生态环境保护实际需要的环境警察制度。其次,近十年来国内一些地方试建环境警察队伍的有益尝试,也在实践层面上为建立环境警察制度提供了宝贵经验。例如以云南昆明、玉溪等城市为代表建立的环境警察队伍,以及河北省、辽宁省、重庆市等成立的环境安全保卫总队等在打击环境违法犯罪上均发挥了主力军作用。尽管在现实中还有体制和操作上需要解决的具体问题,但这一尝试是具有重要价值的,通过不断探索并积累经验,将为在国家层面上组建环境警察执法队伍提供宝贵的借鉴。

(二) 现代环境警察制度的客观独立性

客观独立性,通常是指某一主体不易受自身以外因素的影响,有着较强的独立提出及实现行为目的的能力,它同时反映了主体意志及行为价值的内在稳定性。这种独立性可以体现为实质上的独立和形式上的独立。

就环境警察制度而言,实质上的独立性包含两个方面:一是指环境警察在职能及业务上独立于政府的其他部门,特别是环境保护部门的执法。环境警察与环保监察虽然同为政府职能的组成部分,都是代表国家执行相关的法律、法规,体现对环境的保护,但基于不同职责和执法手段,环境警察制度体现了实质上的独立性。一般来说,环境警察的职能主要是履行人民警察法定的职责和任务,侦办违法处置排放爆炸性、毒害性、放射性、腐蚀性物质或传染病病原体等危险物质,造成环境污染、人员伤亡及重大财产损失的犯罪案件;直接查处涉及非法排放污染物等治安行政案件;协助环境保护部门侦办因环境保护引发的阻碍执行职务的违法犯罪案件;组织、协调做好保护环境的执法基础工作,收集、上报各类涉及破坏环境资源违法犯罪的情报信息;宣传涉及环境安全保卫的法律、法规;等等。在执法手段上,环境警察具有法律赋予的实施刑事强制措施和限制人身自由的行政强制措施及治安处罚的权力,如对构成破坏环境与资源保护犯罪的嫌疑人进行刑事拘留、执行逮捕、移送审查起诉,对违反《治安

---

① 邢捷:《论我国环境警察制度的构建》,《中国人民公安大学学报》(社会科学版) 2012年第2期。

管理处罚法》的违法人员进行行政拘留等。而国家环境监察是一种具体的、直接的、"微观"的环境保护执法行为。主要任务是在各级人民政府生态环境保护部门领导下，依法对辖区内污染源排放污染物情况和对海洋及生态破坏事件实施现场监督、检查，并参与处理。环境监察的核心是日常监督执法。[①] 执法手段则主要为行政处罚，如：责令限期整改、责令停止生产、罚款等。二是环境警察切实做到独立办案，不受外来干扰。在处理经济发展与环境保护的关系上，一味追求经济发展而忽视环境保护，必然带来两者关系的不协调。在实践中还可能出现地方政府干预针对破坏环境的违法与犯罪的执法。环境警察制度实施中的独立执法，是这一制度切实发挥作用的关键一环。

形式上的独立是指环境警察成为独立的警种，具有专门的建制。这种独立是指将警察执法中涉及环境安全保卫的权与责集中起来，独立于其他警种，由此体现了环境警务的专门化。这将有利于提高执法的质量与水平。关于环境警察建立的模式，笔者还将在后文加以探讨。

## 二　现代环境警察制度的主观性

制度是一种人们在明确目的的前提下建构的存在物。一切现实的制度其存在本身都是人创造和建构的结果。"不仅制度的结构包含有重要的人格决定，而且即使是最好的制度……也常常在很大程度上依赖于相关的人。制度好似堡垒，它们得由人来精心设计并操纵。"[②] 环境警察制度是人们对生态环境保护关系的本质和规律的创造性思维产物，具有明显的目的性。其产生既依赖于环境保护关系的存在状态及其发展程度，同时也依赖于人们的认知程度。环境警察制度的具体表现形式、内容以及能否并如何发挥作用均有很强的主观性。即体现为环境警察制度的可选择性及可设计性。

（一）现代环境警察制度的可选择性与可设计性

制度的可选择性与特定的社会关系背景及社会发展的阶段密切相关，体现为身处其中的社会主体对制度的选择。社会主体可以根据自身与社会

---

① 详见百度百科"环境监察"，http：//baike.baidu.com/view/3537267.htm? fr=aladdin。
② ［英］卡尔·波普：《开放社会及其敌人》，陆衡等译，中国社会科学出版社1999年版，第237页。

发展的需要,进行其认为合理与可行的制度设计。美国经济学家道格拉斯·C.诺斯就认为:"制度是为人类设计的、构造着政治、经济和社会相互关系的一系列约束,是人类设计出来的形塑人们互动行为的一系列约束。"①西方制度经济学派大多持有制度设计的观点。制度的确立还需要得到大多数社会成员的认同,大多数社会成员的认同又进一步使制度得到自我强化。现代环境警察制度诞生于社会工业化、城镇化加速过程中环境污染日趋严重之时,人们对生态环境安全的严重关切,要求对日益严峻的环境问题进行有效管控。现代环境警察制度的可设计性则需要从这一制度的指导思想、基本原则、架构体系、具体内容与形式等诸方面加以考虑。它可大可小,大可以作为国家环境监管体系中的重要一环,小可以作为一个部门的规则安排。

如何选择和设计中国的环境警察制度?笔者以为应首先在指导思想与基本原则上达成共识。

在我国环境警察制度选择与设计的指导思想上,应坚持从国情出发,勇于创新,注重实效。这一思想实质上包含三重意义:

一是在环境警察制度的选择与设计上必须立足中国国情。从当前实践中来看,生态环境恶化的趋势在我国虽已得到初步遏制,部分地区的生态环境有所改善,但目前我国生态环境总的形势依然相当严峻,不容乐观。国民的环境保护意识还较为薄弱。从体制上来看,我国曾是一个计划经济体制的国家,经过40多年的改革开放与社会转型,社会主义市场经济已经初步建立,但是影响中国经济和社会发展的制度性的、机制性的桎梏依然存在。在此情况下,环境警察制度的选择与设计应契合现实的政治体制和基本国情,不能盲目照搬国外做法,既要体现一定前瞻性,适应我国生态文明建设的发展需要,又要脚踏实地,切实可行。

二是在制度选择与设计上应体现创新社会管理的要求。创新社会管理是一种社会管理的创造性活动,在当前的社会条件下必然存在不同思想、意见和利益诉求的相互交流和撞击,依赖于开放性、自由交流、容忍不同观点的环境,更依赖于相关各方提出合理化建议并共同参与。环境警察制度的建立就是要体现上述要求,在生态文明建设中明确基本定位,建构以

---

① [美]道格拉斯·C.诺斯:《制度、制度变迁与经济绩效》,杭行译,韦森审校,上海三联书店1994年版,第64页。

保卫环境安全为主旨，同时充分尊重其他管理主体，保障社会组织和个人环境权的新机制。发挥警察权在环境保护应急管理体系建设中的特殊作用，提高应对环境风险的能力。通过环境警察制度的建立，环境警察要承担起环境安全保卫的职责，同时还要善于在执法过程中，借助执法公信力赢得社会的广泛支持并调动社会各界的积极性，使其积极参与保护环境这一重大民生工程。

三是在制度选择与设计上切实注重实际效果。所谓注重实际效果，也就是说这一机制要有独特的作用发挥。环境警察制度实施运用特有执法手段，要在治理破坏环境的违法行为，特别是在打击环境犯罪方面发挥专门作用。

在对环境警察制度进行具体选择和设计时，应当把握两个原则：一是遵守权力行使界限的原则。环境警察权的行使要在应当和必要的范围内行使。这既包括了强调警察权以维护公共秩序为限，也包括了警察权的行使不能取代生态环境保护部门的执法权（以环境监察权为代表）。二是尊重与保障人权原则。在环境保护领域中，警察权的行使不得损害法律保障的公民的基本权利。

（二）困扰现代环境警察制度创建的主观要素

尽管笔者认为在我国建立环境警察制度是大势所趋，然而在具体实施中尚存在一定人为因素和障碍需要加以探讨解决。具体来说：

（1）从观念上，人们的生态环境保护意识尚需进一步提高。这既包括了社会公众对于自己环境权益的认识与重视，更包括了政府官员自身环保意识的增强。只有在此氛围下，才有社会和决策层面对破坏环境资源保护的违法与犯罪行为需要刚性执法的一致需求和呼声。而"目前在市民社会中的权力结构更偏爱经济价值而非生态保护"[①]，这是我们从意识层面上需要加以应对的。

（2）从立法上，组建全国正规的环境警察队伍还需要有法律上的依据。现有法律法规尚难以充分支撑环境警察制度的建立。从《环境保护法》到《人民警察法》都难以找到建立环境警察制度的基本依据。

（3）从现有环境监管体制上看，我国现行环境监管体制是统管与部

---

① ［英］简·汉考克：《环境人权：权力、伦理与法律》，李隼译，重庆出版社2007年版，第111页。

门分管相结合的体制。环境警察制度的确立,环境警察队伍的组建,如何与现有体制协调?同时往往还要考虑部门利益关系。利益均衡也是设立环境警察需要考虑的因素。有的时候"部门利益"甚至可能成为设立环境警察的阻碍。①

此外,由于社会发展不同阶段带来的认知能力上的局限性,特别是社会主体的价值观念、思维方式、情感意志、知识结构等可以体现为选择性、创造性特征的因素,使得在环境警察制度的设计上具有相对性。例如,由于设计这一制度时所处的时间维度所限,往往不能精确预测其长期效果,难以确定制度在长时段中全部功能的发挥。而这一制度的效果常常可能会超出设计者的预料。因此,对于环境警察制度设计上存在的主观局限性必须有充分的估计。

---

① 建立环境警察制度,必然会涉及生态环境保护、卫生监督、土地规划、基本建设等多个部门,甚至其他警种所管辖的范围,必然会触及一些既得利益部门,其所面临的阻力可想而知。

# 第三章 环境警察制度的历史考察

在我国，警察机关涉及生态环境保护的功能可以追溯到清朝末年近现代警察的初创时期，从建立近现代警察制度时起就具有了与环境保护的相关职能，只是这种职能随着时代的变迁，趋时变化而变化，在不同的历史背景下体现着功能的差异性，经历了从萌芽到逐步发展的过程。

## 第一节 近现代警察机关环境保护职能的萌芽

### 一 环境保护功能的萌芽：中国最早的警察机构——湖南保卫局时期

湖南保卫局被认为是中国最早的近代警察机关。其创办设立经历了一个相当长的思想博弈和制度筹备阶段。时任湖南按察使的黄遵宪到任不久便向巡抚陈宝箴提出设立保卫局的建议，并草拟了《保卫局章程》。其间广享民意，求之臻进，颇应开门立法之风气。因此最后敲定的保卫局的人事组织、机构设置和内部权限划分也是依据官绅合办的维新派警政理论要求制定。① 湖南保卫局的逆势创立弥补了保甲制度的缺陷，针砭了时下社会恶俗流病，维护了社会秩序稳定，具有划时代的意义。但是诚如梁启超所言，湖南虽然"真维新之人不少"，但"真守旧之人故多"，② 在守旧势力的戮力同心下，湖南保卫局被裁撤。

究其职能，湖南保卫局除却一般现代意义警察机构的职能外，还承担特殊环境职能：街面卫生维持。在近代中国工业和科技相对落后的情况下，环境资源维持处于相对稳定的状态，此时环境问题多指人们的生活环

---

① 参见《筹办湖南警察情形折》，《端文忠公奏稿》卷5.45。
② 梁启超：《戊戌政变记》，中华书局1954年版，第56页。

境问题，尤其是卫生问题。当时国人个人卫生意识尚且比较薄弱，更遑论现代的公共卫生意识，而且在政府公共卫生维持职能非常态化的情况下，公共卫生环境本来就不容乐观。随着近代工业的部分引入，在清朝人口密集的城市往往出现水质差、粪便排运不及、蝇虫肆虐等诸种卫生环境恶化的情形。

光绪二十四年七月二十一日，《湘报》第147号公布了《保卫总局清理街道章程》，赋予保卫局对街道的管理权力，主要分为交通秩序维护和街道卫生维持两方面。在维持街道卫生方面，首先对于"渣滓弃物""溃烂朽坏各种食物"等过期变质、有害卫生的物品均禁止买卖，由保卫局监督本户进行搬运、清扫；对于积淤不通的水也由保卫局雇用的工人和邻近住户共同疏通；其他生活垃圾由各户清理出门，由保卫局雇用的清道夫"立时陆续运送出城"①。此外对挑粪运输的卫生标准也进行了规定，如挑粪时候必须加用木盖，并限定运输时间，逾时不得进城。

## 二 环保功能的渐进增加：清末的警察机构——巡警部时期

光绪二十七年七月三十日清政府下令各地创办巡警机构。但"巡警初设，既无定章可循，又无中央统领，虽试有年，而各省各自为政，彼此不谋，致多歧义，偏远之省或且推诿迁延"②。中央巡警部人财物力均很有限，对外省既无关照之力，也乏约束之力，已然被架空了。

即便如此，在专门卫生行政机构缺位的情况下，警察仍需司行卫生监督管理之责，启蒙国人卫生意识，塑造天朝卫生形象。所以环境卫生监管职能仍然在巡警部以及地方各级警察机构基本职能范围之内。就中央而言，当时的卫生科隶属于巡警部下属单位——警保司，但此时其与湖南保卫局相比，卫生监管权力更大了：除了负责街道卫生维持和垃圾清理外，还负责斟酌查考各地医学学堂的设立，考核评估各地卫生情况，并负责疫情监测、计划以及审定一切卫生保健章程。

在开眼看世界的浪潮中，法律移植使得当时的"环境"一词外延有所扩大，延伸到了公物和林木方面。根据《大清违警律》③，我们可以总

---

① 《保卫总局清理街道章程》，《湘报》1898年10月1日。
② 《袁崇镇条陈》，中国第一历史档案馆馆藏。
③ 《宪政编查馆奏考核违警律折并单》，《大清新法令》（第三卷），商务印书馆2010年版，第9—18页。

结出大清巡警系统在以下几方面的环境职能：首先是卫生维持，如对装置粪土秽物不加覆盖者以及厕所外便溺者处罚；其次是公物维持，如对污损祠宇及一切公共营造物者处罚；最后是自然环境维护，如对毁损路上植木者和违背章程损伤森林树木者处罚。

## 第二节 民国时期旧政府警察机关的环境保护功能的拓展

### 一 环保功能的延续与加强：民国初期——内政部警政司时期

辛亥革命胜利后，进入民国初期，此时南京临时政府成立，发起了各项关乎三民主义的改革，警察制度改革便是其中一个重要方面。警务局隶属于九大部委之一的内政部。但是由于袁世凯窃国，年仅三月的警政改革中途夭折。之后袁世凯以清末警制为基础，发布了大量警察法规，[1] 设立了警政司这一当时的中央警察机构，其下设有五科，其中第二科掌管了广泛的环境保护以及资源管理职权，设立有若干专业的环境警察。[2] 此外根据1928年3月30日公布的内政部组织法规定，警政司还负责保护名胜古迹的业务。但是警政司与全国各级警察机构不是直接上下隶属关系，而是业务指导关系，所以其并不能直接下达政令，而须经内政部转请行政院下达。

清末以来警察负责的卫生事项仍有延续且职能获得强化。各个地方警察机构均设立第三科，配合当地政府管理卫生事项。但称其为卫生警察仅仅是从职能划分而言，与相关的专业警察相比，这支担负特殊职能的警察队伍并没有独立的建制。不过建制问题并不影响在一个国民素质卫生意识较差的时代里卫生警察的职权广泛性。相比湖南保卫局以及清朝巡警部时期，卫生警察的职权大有扩展、跃进不少，横向而言，对特种行业的覆盖范围之广，前无古人——其监管范围包括：街道清扫、疫情防治、物品化验、医院监管、药品考查、饮食安全、理发卫生、澡堂清洁、屠宰防疫、

---

[1] 参见《中华民国内阁篇》，《近代史资料》1979年版。
[2] 《内务部厅司分科规则》，中国第一历史档案馆馆藏。

娼妓疫病、殡葬管理、鸦片查禁等方面；纵向而言，具体包括了集中起来就是维持卫生、经管药品、检测食品、防范疫病。

具体而言，首先在维持卫生方面，根据当时京师警察厅颁布的《管理清道规则》的规定，警察对清道夫享有监督权和领导权。实际上这种权力后来衍生为一种人身依附，清道夫不仅业务受到警察的统领，人身自由和住所也受警察干涉和指定，甚至外出也需要向值班警察行使请假手续。其次在经管药品方面，根据北洋政府内务部颁行的《管理药商章程》，药品生产者生产的药品无一例外地必须报请警察检验，药商一律到警察部门登记并获发执照，在买卖储藏剧毒药品时候，均需详细备册，以供查验。再者在检测食品方面，根据1917年6月颁布的《京师警察厅管理饮食物营业规则》，警察对饮食卫生环境的管理多集中于对经营环节的管理，因为当时经济发展程度不高、机械化集中生产程度不高，饮食物品生产多为零散个人生产，故立法集中对经营环节进行监督管理，如规定不准贩卖的食品、熟食加工的流程，规定店铺水缸必须每日刷洗一次。对违背卫生要求的经营者，警察当局有权干涉，使之改进，严重者按照违警律科罚。最后在防范疫病方面，根据1916年3月颁行的《传染病预防条例》，由中央卫生司对设在各级警察部门中的卫生科进行相应的业务指导，由该科负责具体实施，主要针对霍乱、赤痢、伤寒、斑疹伤寒、天花、鼠疫、白喉、猩红热等传染病，可以采取健康诊断、尸体检查、隔绝交通、限制或禁止群众集会、水源消毒等强制措施。

1915年颁布的《违警罚法》仍囿于《大清违警律》，外延没有过多突破，相关环境职能规定亦如是。那时，特种警察设立已经初具规模。已设立的行使环境职能的行业警察包括了水上警察和矿业警察，但仅停留在初级阶段，尚不成熟。其中水上警察负责的是水上卫生和护渔巡航，矿业警察负责的是矿业生产秩序维持、矿区治安环境管理和矿区卫生环境监督。

## 二 环保功能的持续扩大与增强：民国中后期——全国警察总署时期

国民党统治时期的警察制度直接承接了清末和北洋军阀的警察制度，并在名义上获得了与军队并重的地位，"军队之作用在攘外，警察之作用在安内。犹如飞机之两翼，缺一不能飞"①。按照李士珍构想，1946年6月全国警察总署成立，取代了延续了30多年的警政司，此举被时人视为"我国警察史上划时代之改制"②。无论在规模还是等级上，原来的警政司都不能望全国警察总署之项背。

1928年国民政府设立卫生部后，卫生事务划归卫生行政机关管理。往后内政部颁行的《各级警察机关编制大纲》《首都警察厅组织法》曾一度解除警察掌管卫生事务的职责。但是鉴于卫生机构欠缺执行力和威慑力以及组织机构不健全，1930年颁布的《县组织法》和《市组织法》重新赋予警察机关管理医院、菜市、屠宰场以及其他公共场所卫生和防疫的职能。因此多数省市警察机关重新设立卫生科、股。以上海为例，卫生警察称为卫生巡长，隶属于公安局，受卫生局监督指挥，分为例务巡长和特务巡长。例务巡长进行出生调查，死因调查，道路保洁监察，食品卫生状况调查，流行性传染病疫情调查和预防宣传以及其他事项；特务巡长负责各处临时突发卫生事件处理。③ 此外需要指出的是，随着内战全面爆发，各级警察机关已经无暇顾及卫生事务，卫生警察逐渐销声匿迹。但是按照组织法相关规定，各级警察机关仍有协管卫生事务的职责，并且全国警察总署第一处仍保留对卫生警察的监督指导权力。

在这一时期，警察司掌的环境和资源保护职能有持续扩大的趋势。首先表现为特种警察设置多样性，尤其是资源警察种类设置较多。当时全国警察总署第一处负责行政，包括规划、调整和监督警察职权分配，包括税务警察、盐务警察、矿业警察、渔业警察、森林警察、卫生警察等专门的负责环境管理和资源保护的警察。根据1945年4月颁行的《调度司法警察条例》④，铁路、森林、渔业、矿业及其他各专业警察机关的警长、警士，海关、盐场的巡缉员警，接受检察官或推事的命令，就与其职务有关事项执行司法警察职务。这一条文侧面印证了民国时期警察权延伸到环境资源管理当中。实际上在这一经济比较落后的年代，保护资源就是保护了

---

① 叶世畤：《国民党警察总署概况》，载广东政协文史资料研究委员会主编《广东文史资料选辑》（第26辑），广东人民出版社1981年版。
② 中华民国开国五十年文献编纂委员会：《中华民国开国五十年史论集》（第一册），正中书局1961年版，第193页。
③ 《卫生巡长服务规则》，载《现行警察法令集解》（第四卷），上海警察学社1930年版，第9页。
④ 参见《调度司法警察条例》，中国第一历史档案馆馆藏。

经济命脉，于是环境资源的警察权设置受到了当时统治者的重视。

盐税是民国政府的主要依赖税种之一。为此设立了防缉私盐、保护盐税的税务警察，来维持国家税源稳定，同时保护国家资源。税务警察不仅待遇高于其他警种，而且还能在侦破案件后享受提成赏款。1936年7月税务警察由于财政部机构整合，改由新设立的盐务总局领导，盐务总局下设税警科，管理税务警察。税务警察负责各产盐区警力、警责排布设计、改进以及处理，盐务稽查，盐场、仓坨及盐务官署的保卫，私制私运硝盐的查禁。① 盐务警察局则是散布在各个盐场中，隶属于盐场长公署的警察机构，并由场长兼任局长，其成员被称为"场警"，主要职责是"查察产收，巡缉场私，看守仓坨，防卫场区"，并负责检查盐工的卫生情况。②

1943年6月，南京国民政府颁布《矿业警察规则》。在国营矿产中设置矿业警察机构，在私营矿产中实行自愿申报、自愿请求的设立原则。矿业警察主要职权是维护矿区开采、运输、管理等秩序，检查矿工、厂矿地区卫生条件、生活情况。依据《矿业警察规则》第73条和第74条，矿业警察对相关违法者及其直接监督人可以科以200元以下罚款。

在专门渔业警察队伍成立之前，依据1915年的《水上警察厅官制》等相关水上警察法律规定，巡海护渔业的警察职能由维护水上治安秩序的水上警察厅负责。1931年10月，南京国民政府颁布了《渔业警察规程》，设置了专门的渔业警察，对水上警察厅的水上警察权进行了分流。后来南京国民政府在江浙、闽粤、冀鲁、东北四地设立了四个海洋渔业管理局，分掌对应的渔业警察指挥、监督、给养。渔业警察职责是：维持渔区治安秩序，维护渔区捕捞秩序，管理渔区船只，维护渔船安全。③ 对于大渔区设置渔业警察权，能更好地打击渔业违法、维护渔区秩序。新中国成立后，至今在部分地区仍设有专门的渔业警察，如大连市公安局海上治安管理分局下设的就有一个海洋渔业警察大队。

1943年2月，南京国民政府颁布《森林警察规程》，第一次以法律形式规范森林警察的设置、职权、人员招募和装备置办等相关事宜，对构建现代化森林警察具有重要意义。森林警察设置实行完全自愿原则，由林区

---

① 参见《财务部盐务总局组织法》，中国第一历史档案馆藏。
② 参见《盐场场警服务规则》，中国第一历史档案馆藏。
③ 《海洋渔业管理局组织条例》，《实业部护渔办事处暂行规则》，2013年4月21日，http://mylib.nlc.gov.cn/web/guest/search/minguofalv。

自愿呈报。森林警察主要职权是：防止过分捕杀动物，防范森林气象灾害和虫害，预防和扑灭森林火灾，处理林区治安案件，查验狩猎、采伐、割草、引火等证书以及其他森林警务管理事项。

在这一时期推行的新生活运动的指引下，这一时期的违警罚法立法思想产生了一定变化，以期"将新生活之精神，及国家观念，尽量注入分则各条款以内"①。由此我们看到新的违警罚法中警察的环境职能有所扩大。以1944年再次修正的《违警罚法》② 为例，据笔者统计共11条③涉及环境职能，其外延在质上进一步细化原有的卫生、公物、林木相关的规定；在量上增加了有关动物和噪声管理的规定；以动物为例，任意捕捉益虫益鸟以及虐待牲畜及有益动物不听禁止的行为都将受到违警处罚；以噪声为例，怪叫歌哭、擅鸣警笛、深夜噪声也列入警察的环境监督范围。

## 第三节 解放区时期警察机关的环境保护职能

新中国成立前，在中国共产党领导的解放区中，由于敌我斗争激烈，对公共卫生以及环境资源事务管理从立法而言明显可见松弛态势。如《晋察鲁豫边区违警处罚暂行办法》中只有一条关于环境保护的规定。④即使是法制法规相对完善的陕甘宁边区，在对环境管理、资源保护方面的规定也是凤毛麟角，更遑论建立多样化的专业环境警察队伍。当然，这决定于当时的政权任务和国家形势。从仅存的规定看来，其内容并无太多创新，仍然是主要从原来的三方面进行规定，首先是卫生维护，如对投掷污秽垃圾于饮用水者以及对随意抛弃牲畜尸体者处罚；⑤ 其次是公物维护，如对无故毁损公堂、庙宇者进行处罚；⑥ 最后是在自然环境维护角度上作

---

① 钱定宇：《违警罚法总论》，正中书局1947年版，第23—24页。
② 南京国民政府时期立法院，《修正违警罚法》，2013年4月21日，http://mylib.nlc.gov.cn/web/guest/search/minguofalv。
③ 详见《修正违警罚法》第49条、第50条、第51条、第52条、第53条、第57条、第58条、第62条、第64条、第65条、第66条。
④ 《晋察鲁豫边区违警处罚暂行办法》，2013年4月21日，http://mylib.nlc.gov.cn/web/guest/search/minguofalv。
⑤ 1946年《陕甘宁边区违警条例（草案）》，参见艾绍润、高海深编《陕甘宁边区法律法规汇编》，陕西人民出版社2007年版，第357页。
⑥ 1942年《陕甘宁边区违警罚条例（草案）》，参见艾绍润、高海深编《陕甘宁边区法律法规汇编》，陕西人民出版社2007年版，第356页。

出规定，如设立森林警察，[①] 维护林区秩序以及对无故砍伐公树、毁坏林木者进行处罚。

## 第四节　新中国成立后警察机关的环境保护职能及变迁

新中国成立后，随着政府机构朝着设立齐备化、职能明确化、行政科学化的方向迈进，相继成立了卫生行政部门、盐业行政部门、渔业行政部门、矿业行政部门、林业行政部门等专门环境资源管理部门，以强制色彩较弱的行政权分流了强制色彩较浓的警察权，也是侧面体现了行政权语境之转变——由管理型行政向服务型行政进化，如 1957 年的《治安管理处罚条例》中就列有第 7 条、第 8 条、第 12 条、第 15 条共 4 条，详细规定了治安警察相应环境职能。[②] 当时警察的环境职能甚至触及水务、食品、卫生等多个领域，其立法精细化程度可见一斑。只是在后来的部门职责清晰化和环境保护专职化的发展浪潮中，这些环境职能才逐渐由设立的卫生部和环境保护部等相关部门履行。

1978 年《宪法》第 11 条对国家环境责任进行了规定："国家保护环境和自然资源，防治污染和其他公害"，揭开了环保法治的大幕。在环保立法方面，根据生态环境部网站最新数据显示，当前中国有关环境保护的专门法律有 25 部，行政法规 52 部，部门规章 138 部。[③] 在环保执法方面，实现一个共同目标需要一个整体内部所有成员的齐心协力。2014 年修订

---

[①] 1941 年《陕甘宁边区林务局组织规程（草案）》，参见陕西档案馆、陕西省社会科学院编《陕甘宁边区政府文件选编》（第四辑），陕西人民出版社 2013 年版，第 25 页。

[②] 第 7 条　有下列扰乱公共秩序行为之一的，处三日以下拘留、六元以下罚款或者警告：一、在禁止渔猎的地区捕鱼、打猎，不听劝阻的；……五、在城市任意发放高大声响，影响周围居民的工作和休息，不听制止的。第 8 条　有下列妨害公共安全行为之一的，处七日以下拘留、十四元以下罚款或者警告：……十、未经当地政府许可，烧山、烧荒，尚未造成灾害的。第 12 条　有下列损害公有财产或者公民财产行为之一的，处五日以下拘留、十元以下罚款或者警告：……四、私自砍伐国家、合作社或者他人少量竹林、树木的；五、损害苗圃中的树苗，尚未造成严重损失的。第 15 条　有下列妨害公共卫生或者市容整洁行为之一的，处三日以下拘留、六元以下罚款或者警告：一、污秽公众饮用的井水、泉水或其他水源的；二、在城市内任意堆置、晾晒、煎熬发恶臭的物品，不听制止的；三、在街道上倾倒垃圾、秽物，抛弃动物尸体或者随地便溺的；五、故意损害公园和街道两旁的花草树木的。

[③] 中华人民共和国生态环境部网站，http://www.mee.gov.cn/。

后的《环境保护法》第10条明确规定国务院环境保护主管部门，对全国环境保护工作实施统一监督管理；县级以上地方人民政府环境保护主管部门，对本行政区域环境保护工作实施统一监督管理。县级以上人民政府有关部门[①]和军队环境保护部门，依照有关法律的规定对资源保护和污染防治等环境保护工作实施监督管理。为中国环境保护事业编织起巨大的防护网。

新中国警察环境保护职能具有广泛性，覆盖了固体废弃物管理、海洋管理、渔业管理、交通污染、噪声污染、危险物管理、野生动植物保护、风景名胜保护等多领域。由于公安机关行使警察权，在治安处罚和刑事侦查中依法适用行政拘留及刑事拘留与执行逮捕等，使得其在运用强制手段方面较其他环境监管部门具有更大的威慑力。公安机关环境职能还体现了渐扩性：从环境犯罪罪名来看，1979年《刑法》对环境犯罪罪名的直接规定仅为两条，在1997年《刑法》中扩大为15个罪名，呈现出对犯罪对象规定更加精确，对刑罚处断要求更加细致，与生态环境安全局势联系更加密切的趋势。

除上述外，我国一些行业公安机关的设立也体现了环境保护的功能。如森林公安。新中国最早建立森林公安队伍的是东北人民政府，其颁布了《关于建设森林公安机关的决定》。森林公安建立伊始其主要职能是三防：防林火、防滥伐、防敌特。尔后除了"文化大革命"时期的建设停滞，全国各地均在积极建设自己的森林公安队伍，但都是以地方性法规形式进行规定，具有地域局限性。直到1979年《森林法（试行）》颁布，才在第9条中第一次以法律条文的形式明确规定重点林区设置森林公安队伍，维护林区治安，防止过度砍伐以及维护狩猎秩序。之后，1998年国家林业总局出台了专门的授权规章，授予相应森林公安机关以自己名义执行1984年《森林法》中第39、42、43、44条的行政处罚权。毫无疑问，森林公安在保护森林资源、维护国家生态安全、维护林区治安秩序以及促进林区生态平衡中起到了不可替代的作用。另外，随着《野生动物保护法》等相关法律的出台，森林公安行使法定野生动物保护职权，也扩充了其森林公安管理职权及职能范围，如狩猎证核发、猎枪管理与检查、野生动物狩猎违法行为查禁等。

---

① 这里"有关部门"也应包括公安机关在内。

从清末最初始的卫生职能到民国时期逐渐增设的专门环境警察队伍，新中国成立前的警察环境职能呈现的是逐渐强化、逐渐集中的态势。新中国诞生后随着政府相关部门的设立，警察环境职能又呈现双重分散态势。第一种分散是整体分散，与环境保护相关的警察权分散到了各个新设立的部门，如环境保护行政部门、卫生行政部门、林业行政部门、渔业行政部门、海洋行政部门；第二种分散是警察机关内部分散，在公安机关内部环保职能也是分散到有关各警种，如治安警察、交通警察及刑事警察等。

# 第四章 域外环境执法中警察权的行使及启示

20世纪90年代以后,随着全球环境保护理念的形成,世界许多国家为应对在经济发展中产生的严重环境污染与破坏,警察权在环境保护中的作用日渐突出。基于不同的国家结构形式、历史发展背景以及经济发展与环境保护状况,各国呈现出了不同的特点。有的国家通过法律授权将警察权授予政府环境保护部门行使,有的国家警察机关加强了自身打击环境违法犯罪的功能,有的国家则专门建立了环境警察队伍。

## 第一节 西方发达国家警察权在环境保护中的行使

笔者在此主要关注了美国及欧洲主要国家警察权在环境保护中的行使状况。

### 一 美国环保署的警察权行使与地方环境警察

美国是当今世界经济最为发达,同时也是最早倡导可持续发展的国家,警察权在环境保护中的运用同样值得关注。而作为一个联邦制国家,在环境保护执法体制上从联邦到各州呈现出不同的做法,体现了不同的特点。

(一)联邦的层面

当今,美国联邦环境保护署(the United States Environmental Protection Agency)拥有着在打击环境犯罪上的完全警察权(full police powers)。环保署有着60余人的环境犯罪刑事侦查队伍。这些探员拥有完全的执法授权,可以行使携带武器、逮捕、颁发令状等警察权。但在环保署刑事执法项目开始前,他们是没有这些警察权的。20世纪70年代末,联邦首席助理检察官詹姆斯·摩尔曼在参议院小组会上称让环保署参与追诉环境犯罪开启了执法新纪元,并说环保署需要坚实的执法者。在摩尔曼看来环保署这些富有特殊使命的人员应当能在处理民事和刑事问题上拥有完整权力。1981年美国环保署设立了自己的环境刑事执法项目,行政管理问题就出现了,特别是在招募人员和确定职责上,并出现了较为严重的意见分歧。1981年10月8日环保署招录了21个刑侦人员,条件是这些人员都需要有至少六年的刑侦经验。尽管如此,他们却没有相应的警察权,难以开展针对环境犯罪的调查。随后,环保署和联邦调查局签署了谅解备忘录,其中规定联邦调查局必须向环保署提供更加主动积极的执法支持。

事实证明,由被授权行使警察权的环保署专职刑事侦查力量打击环境犯罪是卓有成效的。而依靠其他执法部门打击环境刑事犯罪是低效而且低产的。例如,20世纪80年代早期,在新罕布什尔州,环保署向联邦调查局提供了非法向航道倾倒垃圾的情报,并要求联邦调查局协助调查。联邦调查局告诉环保署由于人手有限,而且有其他更优先的事项需要办理,这种低等级的犯罪暂不调查。一年半后,环保署刑侦部转向司法部法警局寻求协助搜查劳伦斯工厂。人员精简的法警局推迟执行了该搜查令。在仅仅指派一名法警协助的情况下,环保署自行在4.5英亩的厂区内开始收集污染证据,这一费劲的工程耗时整整两天。环保署第二次收到搜查令是关于在一家工厂内检查500桶有毒废料。由于法警局资源有限,环保署同样不能和法警局很好合作。起诉劳伦斯工厂破坏环境的案子受到全国史无前例的关注。针对六个被告的三套起诉书指控被告犯有共77项环境破坏罪行。在此案侦查中,环保署意识到和联邦调查局的谅解备忘录成为一纸空文。事实上司法部在授予环保署警察权问题上,是持反对意见的。甚至游说国会不授予环保署警察权。这主要是由于司法部担心特别授权会引起联邦其他机构纷纷效仿,从而成立许多特殊警察机关。这一担心也引发了白宫方面的不安,甚至派出小组评估非警察机构行使警察权的状况。他们评估的结果是,授予警察权过多会导致如下问题:(1)增加联邦执法机构协调工作的难度;(2)需要变更训练和监督模式;(3)缺乏评价非司法部执法机构的执法项目和执法人员的长效机制;(4)缺乏必要的情报共享机制;(5)可能导致错误使用敏感的侦查技巧;(6)增加联邦担责的风险;(7)增加对民众自由的威胁。

然而没有了警察权,环保署调查人员只能冒着风险采取最温和的行动来进行环境犯罪侦查。没有警察权时候,当环保署调查人员看到一辆泄漏多氯化联苯的货车，他们甚至没有拦截权，只能眼睁睁看着货车一路泄漏直到警方进行拦截。

直至认清现实中环保署的困境后，司法部做出了一定的修正——授予了半数环保署调查人员警察权，而另一部分则没有。但是这一"半半计划"反而给环保署造成困扰，其行政缺陷相当明显。环保署认为全权授权才是解决问题的根本。这一计划的根本原因还是司法部部分人员不愿看到环保署有完全的警察权，计划就是一个司法部的内部妥协结果。国会一些人员也认为授予环保署警察权会造成执法权力"增生"问题，并引起其他机构效仿。然而，也有议员明确支持授予环保署调查人员以警察权。如议员高尔引用了24起环保署在侦查有害化学品倾倒地时遭遇的暴力事件，指出需要给环保署授予更多强制性权力。只有这样他们才能摆脱"二等执法者"的地位，成为更有效率的更有安全感的执法者。

从1984年司法部同意授权所有环保署探员执法权开始到1989年中期环保署解决了如何行使警察权，显示了政府权力运作的逐渐过程。直到医疗废物跟踪法出台18个月后，反对授予环保署警察权的声音才逐渐消退。1984年4月27日，环保署得到了暂时警察权。调查人员可以携带武器、逮捕、讯问、执行法庭搜查令。他们也获得了专门的训练。环保署下设的国家执法官中心主任Thomas p. Gallagher说在司法部宣布这一决定后，环保署调查人员立刻在70宗需要优先处理的刑事案件中行使了警察权，这些案件中，嫌疑人都使用暴力威胁调查人员。

其后，一个跨部门特别小组对授权情况进行了评估。该评估报告由行政管理与预算办公室作出，包括了对当时警察权行使情况的考量。其中提到："一个机构只有在由于没有刑事执法权导致了严重影响其基本执法效果的情况下，才能应当拥有刑事执法权。"环保署毫无疑问地符合了该条件。但是其中也提到只有在穷尽其他选择，例如选择联合执法等，都无法避免对该机构的执法损害情况下，才能授予完全的刑事执法权。[①] 1985年司法部内部备忘录记载，司法部认为环保署调查人员在日常执法中遇到有

---

① 1984年时任总检察官William French Smith发布了相应的权力设置指导原则。只有符合指导原则并且不能避免的情况下，才能谋求相应警察权设置。不能避免的情况包括：a. 机构管辖范围内的基本执法功能限因为缺乏刑事执法权而受到严重影响；b. 机构对执法支持力度的需要无法通过寻求其他机构协作而满足；c. 机构有足够的内部保障措施和管理程序约束警察权；d. 机构行使警察权的益处大于害处。

导致重伤或死亡的较大风险的抗法事件时，需要更多的保护。因此在1986年6月他们支持了给予环保署特殊法令保护的动议。1987年环保署署长Lee M. Thomas要求司法部向议会提交关于给予环保署调查人员警察权的立法建议书，其认为加强环保署权力也是符合议会打击环境刑事犯罪的要求的。他同时强调了被授权的人员不超过100名，这样就省了司法部关于大量人员拥有警察权的顾虑。1987年9月，环保署刑事执法办公室副主任提出了通过环保署、司法部、联邦调查局协调会巩固环保署的法律地位的建议并被采纳。这离完全警察权的最终形成仅一步之遥。尽管支持者们年复一年地向议会重申立场，但挫败依旧。一些司法部官员和国会议员声称授予环保署完全警察权会影响国家和公民的权利。而支持者声称通过一定的避免措施，这一授权会为环保署调查人员和国家带来好处。

1988年11月，医疗废物跟踪法获得通过。在这部法中规定了环保署具有完全警察权。这一完整警察权包括了携带武器权力、执行令状权力、逮捕权力。这在某种程度上强化了环保署的执法权力。环保署看准了在里根政府结束任期时候，倒入大海的医疗废物基本上成为国家的主要社会问题之一。它激发了公众和立法系统对环境警察权的支持。这些倒入大海的医疗废物污染了国家的海岸线，特别是西北地区的大片海岸线。这一灾难性的环境事故经过媒体大幅报道引发了公众的深深忧虑。公众的忧虑使国会在侦查起诉环境犯罪方面变得更加强硬。

可以说环保署警察权的获得一部分原因是医疗废物污染问题成为有说服力的政治议题的同时也是重大的社会问题，使得国会担忧此问题从而增加了环保署的调查人员人数和权力。因为警察权是环保署执法的关键。若没有完全警察权，会影响环保署调查人员的斗志，也阻碍了优秀执法者进入该侦查队伍，影响侦查队伍的声誉。

调查人员必须依赖一定的权力以执行其任务。首先，执行令状通常充满着不可预知的危险，调查人员必须在控制其所处环境，确保安全后，收集有价值的证据，确保嫌犯安全。在有了完全警察权后，嫌犯会被警察权震慑，服从管理，此时调查人员的人身安全和执法效率能得到更好的保障。其次，被环保署调查的人员可能是刑事嫌疑人，尤其是在重大污染企业案件中，环保署必须评估可能在逮捕行动中遇到的暴力抗法情况。嫌疑人前科记录为评估提供了重要参考。在调查人员被授权前，他们无权接触这些前科记录，这给行动增添了不少危险。同时给予其合法的刑事执法地位能够让嫌犯更尊重环保署调查人员，这也为后来的调查带来更多便利。不携带武器执法是荒唐的。例如，在一次询问中，被调查人拿枪隔着窗户指着环保署调查人员。若没有武器，调查人员甚至在一般性询问中都不能保护自己，也不能保护证人，更不用说在执行令状、在偏远地区开展环境监督活动以及卧底侦查。执行令状也是一项充满技术难度的活动。如时间选择、紧急状态执行令状、人员配备需求（尤其是国会在环保署令状执行需求上升时裁减法警，致使雪上加霜的状况）、对签发令状部门的依赖性等。一旦调查人员享有逮捕权后，他们将更加精通对环境犯罪的打击。逮捕权是警察权的一部分。完整警察权应当包括紧急情况下的无令状逮捕权。

美国环保署通过医疗废物追踪法授权获得完全警察权后，在执法上发生了重大变化。首先，这一举措激发了调查人员的士气。因为没有足够警察权会使探员认为政府希望他们冒最大的危险，却在保护他们权益上毫不作为。其次，环境刑事犯罪起诉率急剧上升。随着探员数量的增加，环境诉讼被告定罪的数量明显增加，甚至两倍于探员数量。最后，环保署得到了更加精良的装备。国会和政府官员日益关注有组织的重大污染犯罪案件。只有授予完全警察权，才能强化联邦环境执法效果。授予环保署完全警察权被证明是明智之举。

在环保署争取授权过程中，一个重要关注点在于该机构可能与联邦调查局和司法部相关部门出现职能重叠。有的议员认为环保署基本职能是调查倾倒垃圾案件，联邦调查局和法警局负责逮捕、搜查以及没收。有的议员认为环保署的努力实际上是僭越了司法部和联邦调查局的权力。但这些舆论随着环保署调查人员的骄人战绩而消退，毕竟这些人员都是精通环境法的良好执法者。同时环保署的科研人员也比从其他机构临时抽调科研人员这一方法更好地为调查人员提供了帮助和支持。

此外，美国公园警察（USPP）是美国最古老的穿制服的联邦执法机构之一。公园警察负责管辖美国许多著名的古迹，同时在美国国家公园管理局管理的区域内与国家公园巡护员共享管辖权。公园警察是国家公园管理局的一个单位。执法人员拥有警察权力，执行国家法律和公园法规。

（二）美国地方州的层面

一般来说，工业化程度高、人口密集的州的环境法律历来就有严厉的传统。事实上，在美国各州都拥有自己独自的、比联邦法律更为严厉的环境法律。例如新泽西州、宾夕法尼亚州、纽约州等州的环境法律就比联邦环境法律更为严厉。而以农业生产为主的州其有关环境保护的法律就相对温和。新泽西州的《环境净化责任法》(Environmental Clean-up Responsibilities Act)被誉为有关有害废弃物管制的最为严厉的法律。宾夕法尼亚州对环境违法、犯罪打击的严厉程度是全美人尽皆知的。宾夕法尼亚州是美国传统的工业地区，开发较早。它所面临的工业污染自然也就尤为严重。早在20世纪初期，宾夕法尼亚州议会就制定了一系列的防治污染的法律，而联邦政府最早开始制定环境法律是在1970年。这就表明，宾夕法尼亚州的环境法制建设成熟较早，环境法律意识也比美国其他各州高。① 宾夕法尼亚州设有"环境犯罪局"(Environmental Crimes Section)，负责与环境有关的犯罪侦查起诉工作。环境犯罪局隶属于州司法部与环境资源局的共同领导之下，负责侦查在有害废弃物的产生、运输、贮藏、投弃等各个过程中，是否有违反州环境法的行为，并且有对违法者提起诉讼的权利。根据州议会授权，环境犯罪局负责对违反州法律——例如《固体废弃物管理法》《宾夕法尼亚河道清洁法》(the Pennsylvania Clean Streams Law)以及《宾夕法尼亚传染病及化学疗法废弃物管理法》(the Pennsylvania Infections and Chematherapeutic Waste Disposal)——等法律的违反者行使搜查、逮捕、监视居所等刑事执行权。环境犯罪局的特别搜查官由州司法部的刑事搜查局配属，他们有持枪、侦查、逮捕的权力。环境案件的刑事执行权由环境犯罪局行使，而进行民事起诉的民事执行权则由州环境资源局行使。②

而在马萨诸塞州，环保警察（环境保护执法力量）在环保警察局属于特别有价值的人力资源。马萨诸塞州的环境执法力量队伍组建成为马萨诸塞州环境警察局(Massachusetts Environmental Police Department)，环保警察和首席检察官办公室负责调查和起诉环境犯罪与主要的公民环境违法行为。该机构（环境警察局）受特许建立于1989年，以环保局为总部所在地。环境警察集中主要力量处理对人类健康或者敏感资源产生高危险的环境违法案件，包括非法排放、处置有毒物质或石棉制品，

---

① 郭润生、张小平：《美国环境执法法中的强制执行及其启示》，《外国法译评》1996年第4期。

② 同上。

主管意图包括明知或故意的旨在违反环境法律规定的欺诈行为。其主要职责为海洋渔业管理、渔业和野生动物资源管理和危险固体废弃物管理等。环境警察局下设内陆执法局、危险废弃物管理局、沿海执法局、海事盗窃局、船只和休闲车辆安全局、船只休闲车和雪地机动车注册局六个执法分支机构。在调查违反联邦环境法律法规的犯罪行为中，它也致力于与马萨诸塞环境保护部、州司法部长办公室密切合作。例如，危险废弃物管理局即是"环境打击部队"（Environmental Strike Force）的组成部分。它直接接受州司法部长和环境事务秘书处的领导，其成员包括了该州的环境警察、州警察、环境部门的科学家和工程师以及州司法部长办公室的检察官。这支打击部队日常通过秘密调查，收集证据，对涉嫌违反环境法律的行为提起公诉。从无证清除石棉到非法填充湿地，从固体废弃物的处理到空气和水污染、非法使用农药等可能影响公共健康的环境犯罪，都是其关注的范围。

马萨诸塞州环境警察局是政府执法机构，110名马萨诸塞州环境警察用他们大部分的外出巡逻时间，独自工作在常常很难到达的偏远地区，使用的是非传统的交通工具例如雪车、越野车或者四轮车在指定的区域巡逻，进行犯罪调查、搜索和实施救援。他们也巡逻马萨诸塞州的所有水道，在沿海和内陆地区使用不同大小的船只和个人船只，经常在恶劣的条件下工作。警官们能够从联邦调查局、国家犯罪信息中心和另一些政府机构获取及时、关键性的信息来协助他们的工作。

在纽约州，早在1984年纽约市就成立了环境警察队伍。这支队伍被称作"生态犯罪侦缉队"。它的任务就是与各种破坏生态环境的行为做斗争，保护州资源与环境。他们的任务包括两个广泛的执法领域：鱼类和野生动物以及环境质量。鱼类和野生动物执法工作包括处理有关偷猎、非法售卖濒危物种的投诉，以及检查捕猎者、渔民、捕捉者及商业渔民是否遵守法例。环境执法工作包括调查木材盗窃、非法水污染、不当使用或使用除害剂、排放过量的商业车辆、淡水及咸水湿地退化、非法采矿，以及几乎所有影响空气、土地或水质法例的地区。在当时每天接到报案不下30起。特别是要花大力气打击日益猖獗的乱丢有毒垃圾的犯罪，追踪来路不明的"半夜倾倒者"。作为人口超千万的大都市，纽约市每天需消除的垃圾超过26000吨。按照美国联邦法律的规定，某些有毒垃圾不能当作普通垃圾处理，必须委托有执照的清运公司集中处理。由于这种委托处理费用昂贵，通常一公斤就得花一美元左右，几乎是处理一般垃圾的十倍。因此，许多不负责、想投机取巧的医院，就把这些有毒垃圾混充为普通垃圾清运，也有的投入海湾，或干脆弃之街头。1982年爆发了一件丑闻，纽约市卫生局所属的布鲁克林垃圾掩埋场的夜间主管，竟然跟一些地下清运公司勾结，允许一些载运有毒垃圾的卡车进场，倾倒有毒化学垃圾与废液，并因此收受了60万美元的贿赂。事发后，这个垃圾掩埋场被迫关闭，但是有毒物质已渗入地下水，造成危害。正是这件丑闻，才促成纽约环境警察的诞生。① 纽约市的这支环境警察队伍隶属于纽约市卫生局，纽约环境警察署人数总计近130人，包括警官、中士、中尉、上尉、侦探和主管等，这些人是从志愿者中精心挑选出来的，他们将担负执行特殊法律的职责。这些被精心挑选的人员将接受为期八周的高强度的特别训练，之后将转成正式的纽约州的治安官，他们被授权允许持有并且使用警用枪械、手铐、催泪器、警棍，有权逮捕犯罪嫌疑人，采取人身强制和暴力强制，承担犯罪调查职责。他们的执法与一般警察无异，除接受作为一般警察的训练外，还要学习生态学和化学，学会在犯罪现场进行化学分析。同美国其他警察一样，他们也佩带手枪，另外还带有一副厚橡胶手套。所有人员都定期注射伽马球蛋白，接种乙肝疫苗，还规定每年验血一次。他们拥有自己的助手网络，这些助手都是为城市环境不断恶化深感不安的市民。每当发现情况，他们便会随时打电话告知环境警察。② 环境警察调查投诉，并记录调查结果。当找到足够的证据时，他们就为在法庭上成功起诉做好准备。

在马里兰州，有一支自然资源警察队伍，归自然资源部管辖。他们的职责广泛，从巡逻海域、保护水生资源到教育狩猎者注意安全，制止捕猎野生动物。该州自然资源警察学院负责对学员进行培训，学员毕业后分配到自然资源警察的巡逻船上，或者分配到以陆地为基地的单位。这一自然资源警察机构的设置原则是以最少的费用服务于最大的区域。③

---

① 方申：《环保警察的艰辛》，《现代世界警察》1990年第7期。
② 宋万年等主编：《外国警察百科全书》，中国人民公安大学出版社2002年版，第244—245页。
③ 同上。

## 二 欧洲主要国家环境监管中警察权的行使

(一) 英国

英国没有独立的环境警察机构。只有在森林或者景点里设有环境巡查员，享有一定的警察权。在野生动物保护方面设有野生动物联络官，通常由警察担任。其职能包括通过教育手段防止和减少侵犯野生动物的犯罪，与其他机构保持良好合作，调查环境犯罪和野生动物犯罪，举办关于防止野生动物犯罪的讲座，与苏格兰农村执法检查委员会以及苏格兰自然遗产委员会或是其他非政府组织开展联合执法活动，如苏格兰动物保护协会、英国皇家鸟类保护协会等。英国相关执法依据有《动物福利法》(2006)，《自然资源与农村社区法案》(2006)，《狩猎法案》(2004)，《农村与权利法案》(2000)，《野生哺乳动物保护法》(1996)，《鹿保护法案》(1991)，《动物保护法修正案》(1988)，《濒危野生动物保护法》(1976)，《海豹保护法》(1970)，《狩猎执照法案》(1860)。根据国会相关法案警察能够对以下行为采取行动：非法设陷阱捕捉野生动物，非法猎杀野生哺乳动物，杀伤捕捉鸟类或干扰鸟类生活，捕捉摧毁鸟类蛋或巢穴，猎獾，杀伤捕捉或干扰野生蝙蝠，破坏保护区，非法毒害野生动物，盗取野生植物，非法打猎，非法交易濒危物种，等等。

环保署一些执法人员在特定场合下拥有警察权，例如可以根据《鲸鱼和淡水渔业法》(1975) 以及《海洋渔业管理法》(1966) 拘留嫌疑人，这种情况下，执法官员需要遵循《警察与犯罪证据法》进行必要性审查。环保署拥有广泛的场所检查权以搜集环境犯罪的证据。这些权力的行使都应当遵循《警察与犯罪证据法》。大部分《警察与犯罪证据法》中指示的警察权并不属于环保署，只有在特定的情况下执法人员和船舶监察员才有警察权利。然而大部分执法工作又是需要有相关警察权及执法经验的人来完成。

在没有专职环境警察甚至没有全职打击环境犯罪的独立机构的情况下，环境法由众多机构共同执行，各司其职。通常而言，一些专门战略机构联合地方执法机构如警察和海关，进行执法。

1. 地方机构

地方政权中地区议会掌管房屋和规划事务，它们因此肩负确保环境健康的职能，包括控制空气污染、虫害，保证食品卫生。同时这些机构也处理环境违法行为，如违章倾倒垃圾事件、报废汽车等，主要是非法处理垃圾，而不是将其运至处理站。由英格兰和威尔士环保署代表环境食品和农村事务部建立了一个全国数据库，汇总各地机构的执法月报。数据库说明每年大概有1000000件环境违法事件发生，其中包括平均每月88500件的违章倾倒垃圾事件。在英格兰和威尔士，环保署负责管理可能引起环境污染的商业活动。其总部分别设在伦敦和布里斯托尔。下设22个全国服务部门，包括下设的八个国家实验室和情报中心——南方局、泰晤士局、西南局、中部局、盎格鲁局、威尔士局、西北局、东北局，每个局均有地区办公室以及总共26个外派办公室。环保署有广泛的执法权力，包括控制能源工业、控制化学工厂、管理地表和地下水、处理有害物质和恢复水资源。环保署同时能够监管船只废弃物。环保署每年公布对企业的环境表现检查情况以及对不良企业的处罚情况。

2. 国家打击野生动物犯罪小组

该小组成立于2002年，隶属国家刑事情报局。该小组成立可视为英国打击野生动物犯罪的一大进步。它与地方警察合作，并在地方警察局中设立联络官。每年进行一次年度野生动物威胁测评，测评内容包括非法废弃物、臭氧破坏物浓度以及打击野生动物犯罪现存问题等。

3. 环境、食品和乡村事务部

该部是中央级别的环境管理部门。该部的执法人员与警方、海关、税务等部门紧密合作，共同打击和起诉野生动物犯罪案件。同时其领导人同时兼任野生动物保护行动协会联合主席之一和秘书长。野生动物保护行动协会是一个跨机构的协会，包括了所有野生动物执法部门的代表，如野生动物警务执法官、海关执法人员和税务执法人员。该协会制发了《在野生动物犯罪执法中运用法庭科学与特种技术的指南》。最终野生动物犯罪侦查员和检查员组成了一个近百人的队伍，用以检查濒危物种保护条约的落实情况。

4. 海关

负责打击非法进出口濒危动物及制品和威胁臭氧层物质。

5. 海岸警卫队

主要负责防止海洋污染。

(二) 法国

事实上，法国环境警察在过去呈极其分散的态势：环保法可以调动各种警务力量，冗余警力过多，而且各有执法程序，并且没有任何整合的趋势，经调查共有24个警种负责环境事务，隶属于不同部门，如农业基建部和环境部，重复执法情况严重。有些重点执法部位执法力量不足，如渔业执法、野生动物执法，一些警察尸位素餐，比如从没有人适用过交通噪声管理方面法律。2005年递交到司法部的一份报告显示这种"九龙治水"的执法无疑将执法活动边缘化，不如直接成立一支敬业奉献的环境执法警察队伍。类似的成功经历如2004年成立的防止环境破坏和保护公共健康中央办公室，为环境警察成立奠定了基础。该中央办公室承担着如同所有中央机构的协调职责，同时有警察执法权，并由国家宪兵司令部监督。国家宪兵司令部派出16个正副执法官参与了办公室执法活动。随着更多部门参与环境执法行动，该办公室人数进一步扩大。该办公室职责首先排除了可能与其他部门冲突的职责，如药物走私、武器贩运、爆炸物贩运等，其职能如下：（1）促进和协调国家内对环境破坏行为的地面执法和行使警察询问权；（2）观察研究环境刑事犯罪动向；（3）汇总环境执法情报；（4）协助国家宪兵司令部和国家警察部门以及其他环境执法部门执法；（5）提供环境犯罪打击培训和情报。毫无疑问该办公室已经成为多部门进行环境犯罪打击的首脑机关。其他部门有责任向其输送已知情报。为应对当今面临的自然资源的枯竭、植物和微生物的种类大幅度减少、动物种群急剧下降、全球平均温度的上升导致的气候异常等环境挑战（这些环境问题很大一部分是人为因素造成的），法国制定了国家可持续发展规划。规划的重要内容之一就是建立一支绿色警察队伍，以应对违反环境法的现象，惩治污染者。2006年，部门间合作计划最终推动了法国环境警察的成立。合作部门包括内务部、司法部、环保部、农业及基础设施部。这一绿色警察队伍的全称是"打击环境违法行为中心局"，编制上隶属于内政部。是一个部际警察局，受相关各部共同领导，编制50余人。组成人员中包括宪兵、医生、生物学家等。除此之外，打击环境违法行为中心局还筹建若干专业检察院，或者通过一定方式使部分检察院具备了环境保护领域的专业水平，以满足对蓄意违反环境法律造成环境污染的个人或企业提起公诉的需求。在第二大城市马赛已经专设了一个地中海污染检察院，旨在专门处理地中海地区的环境污染问题。打击环境违法行为中心局的成立，进一步加强了环境执法领域的工作力度，使地方性的、单纯专业领域的环境执法的职能上升至国家层面，并扩展到各个领域，从而能够更好地遏制违反环境保护法律法规污染环境的行为。

与一些发展中国家相比，法国国民的环境保护意识普遍较强。那种蓄意违反环境法律规定，追求经济利益而恶意破坏环境与资源保护的行为并不多见。更多的则是因技术水平、设备及工艺流程本身存在问题而导致的环境污染。也有因盲目乐观而没有尽到注意义务等主观原因造成的环境事故。所以，法国的环境警察在执法时所可能遇到的挑战，与发展中国家在经济发展时期普遍存在的挑战环境法律的行为（为追求经济利益不顾对环境造成的破坏、逃避环境检查等）相比要小得多。但同时，法国又是一个法制观念很强的国家，惩治环境污染必须具备充分的证据。因此，为了把谁污染谁治理、污染者付费的原则很好地贯彻实施，必须通过充实环境警察队伍、加强环境执法力度来实现。① 值得注意的是，法国环境警察的执法依据包括一系列的法案条令，包括了保护水资源、空气质量、自然珍稀物种、历史文化遗迹、狩猎，以及防治污染、公害、城市垃圾、噪声污染等共25部。法国环境警察部门对这25部法案条令进行了梳理，形成了环境执法法律文件，并于2013年7月1日生效。在这个法律文件中将很复杂的执法程序简单化。如违法行为、犯罪行为的处置，环境警察与各部门关系的协调等，使法国环境警察的执法更加明确清晰。

（三）德国

20世纪90年代初，环境保护被写进了德国的基本法。德国自1972年通过第一部环保法至今，是世界上拥有着最完备、最详细的环境保护法律的国家。② 这也使其在环境执法领域获得了全面的法律依据。在德国，其国家刑事警察机构具有打击环境犯罪的职能。每个下属部门均能直接指挥相应警察力量。在专门环境犯罪打击机构未成立前，其理所当然地代行打击职能，尤其在打击有组织环境犯罪中发挥了巨大作用。德国环境整洁、优美，德国人也具有良好的环保意识，这与德国政府对环境保护的重视及对环境的严格监管是分不开的。自20世纪70年代起，德国各州相继设立了环境警察队伍。环境警察是警察的一部分，属于联邦内政部警察部

---

① 胡敏：《法国拟设"绿色警察"》，《常州日报》2011年6月27日第3版。
② 笔者注意到，在德国，联邦和各州的环境法律、法规共约8000部。除此之外，还实施欧盟约400个相关法规。

门的公职人员。各州根据实际情况设立人数不等的环境警察岗位。目前在德国约有1万人的环境警察队伍，每个城市的下属辖区通常都会有5—10名环境警察。德国的环境警察每人都要经过至少一年半的专业训练，包括要学习本国及欧盟大量的环保法规，以及环保执法工具及设施的应用。最后通过考试合格才能走上工作岗位。

通常，环境警察每天都要驾驶警车到辖区巡逻三次。一旦接到报警，通常5分钟内即赶到现场。他们监督居民区内的垃圾分类及清运。若发现有垃圾胡乱堆放、分类错误等情况，就要做出及时的处理。除城市环境外，环境警察还要监控河流、空气等的污染情况，发现污染的情况，会在第一时间取证。并采取措施封锁现场，尽可能把污染控制在最小范围内。此外环境警察还负责监管食品污染、土地污染、乱砍滥伐树木、保护野生动物等一系列职责。如今环境警察在德国民众中有着很好的口碑，同时对于不遵守环保法规的人及企业也起到了很大的震慑作用。

(四) 意大利

意大利是欧洲最早建立环境警察部门的国家，这一部门成立于1986年。它主要职责是预防和打击违反环境法的行为。1997年立法机构授予其正式的调查和执法权。其职责范围十分广泛，甚至能指挥其他有关公共生活的部门，如劳动监察部门。2001年3月其更名为环境保护宪兵部队，其职能进一步扩张，其执法对象包括了土地、水、空气、噪声污染以及农村保护、动植物保护、防止有害废物、防止严重危及公共健康的放射性物质、电磁物质等。其财力雄厚，背后有基金支持，有自己的直升机、特种驾驶员、潜水艇和登山队。其执法针对违章建筑、空气污染、水污染、农村污染、土地污染、电磁污染、放射污染、严重事故污染和其他一般违法。

此外，意大利还有国家林业警察。一些宪兵队不能承担的职责交由国家林业警察承担。为了保护自然资源和乡村，同样保护环境和食物，国家林业警察承担以下职责：监视公园和自然景点环境，保护自然区和国家自然保护区，执行狩猎法、渔业法，防止随意倾倒垃圾和其他违反濒危野生动物保护公约的行为。其中心执法机构设在罗马，有40个外围执法机构。根据其2004年的报告，其执法活动高达28000次，没收了众多违法物品，包括活物、动植物衍生物等。

## （五）西班牙

西班牙在中央设立了国家环境警察部队，成为大自然保护处，隶属国民卫队。负责执行关于自然保护、环境保护和水资源保护的法律，管理狩猎、打鱼、砍伐活动。

## （六）荷兰

在荷兰，警察经常会出警应对违反环境法的案件，环境法是这个国家中最严格的法律之一。布鲁塞尔的绿色和平组织发言人曾经说道："荷兰政府有欧盟成员国中最好的环境执行力。"然而法律规定数量是巨大的，人们经常会破坏触犯法律规定，有时候执法警察甚至不知道规定都有哪些。荷兰的国家警察部门通过接受培训，试图将处理环境违规行为作为其部门日常职责之一。

此外，作为欧盟的常设执行机构——欧盟委员会也在积极努力工作，希望通过新的环境法规使该组织内各个国家之间不同的环境警察部门组织得以规范化。欧盟环境执法的一个主要问题就是欧盟内部国家之间法律规定的不同点很多，没有任何统一的法律保护机构。欧盟的环境部门已在丹麦成立，目的是为所有成员国创建环境执法标准，提高环境执法能力。

## （七）澳大利亚

澳大利亚政府和联邦警察（AFP）非常重视保护环境。许多澳大利亚政府部门在检测和执行旨在保护环境的法律方面发挥着作用。联邦警察是负责调查对澳大利亚联邦犯罪的主要执法机构，在环境犯罪调查中发挥领导作用，因为环境犯罪的复杂性、敏感性，联邦警察作为主要调查机构的参与具有必要性。总的来说，联邦警察采用联合执法方式对环境犯罪进行调查，从而可以利用其他机构的专家能力和资源。这种方法有效确保了环境和澳大利亚社区的最佳状态。

# 第二节　俄罗斯及有关发展中国家环境保护中警察权的行使

在笔者看来，在世界范围内俄罗斯在生态警察队伍建立及警察权的行使上具有其特点。此外，一些发展中国家，如秘鲁、特立尼达和多巴哥、墨西哥等也纷纷建立了自己的环境警察队伍。

## 一 俄罗斯生态警察的强势执法

1996年,俄罗斯首都莫斯科建立了全国第一支生态警察队伍。其又被称为"绿色警察"。这支队伍最初是由莫斯科市政府与俄罗斯内务部签订协议而建立。按照协议是由莫斯科市政府提供经费,即每年拨款4000万卢布,内务部则抽调1100名警员组成生态警察队伍,[①]专职介入环境保护执法,其正式名称确定为"莫斯科预防环境违法警察管理局"。自1996年10月,生态警察正式走上莫斯科街头。他们均配有武器,从装束上看,与其他警种没有什么不同,唯一的区别是他们的警车上有一道写着"生态警察"字样的绿线。全副武装的生态警察对于破坏环境的违法犯罪有着很强的震慑作用。对于生态警察来说,主要担负三项任务,即预防和打击环境行政违法与犯罪;为环境保护部门及执法人员正常开展活动提供安全保障;对城市和其他自然保护区实行环境监管。基于这三项任务,莫斯科市政府同时制定了相关实施细则,规定了处罚措施和罚款额度。由此赋予生态警察较大的执法权限,明确了十分宽泛的监管范围。包括检测汽车尾气排放,监督垃圾的处理,保护水资源不被污染,防止冬天的融雪剂浸入土壤,打击滥伐林木,查处偷渔偷猎,检查工厂的环保措施和设备,核查有害化工品的存放,拆除私搭乱建的房屋、小商亭、小车库,处罚在居民区制造生活噪声扰民的行为,禁止在河边刷洗汽车,检查各商店和集市的食品卫生质量等,都是生态警察的执法范围。用生态警察局局长的话说,就是"凡是有损人民健康的行为,都属生态警察的监管范围"。至今,俄罗斯约有20多个地区纷纷建立了自己的生态警察队伍。这些地方的生态警察均具有两个明显的特点:一是生态警察由出资兴办的政府负责管理。即哪一级政府拨款出资,生态警察就归哪一级政府管理。由此形成了一个谁都可以办生态警察的局面。在当时只有喀山共和国的生态警察是与俄联邦自然资源部合办的。二是生态警察的职责及工作内容不尽相同。通常各地都根据本地的实际需要规定主要任务。

然而,随着生态警察执法活动的展开,这一新警种自身的缺陷以及与其他相关权力部门的矛盾开始显露出来,导致矛盾不断加剧,最后竟使莫斯科的生态警察被迫解散。直到一年半以后,经各方努力,生态警察才得

---

① 胡海:《方兴未艾的俄罗斯生态警察》,《科技日报》2004年1月21日第4版。

以重新走上街头。实践证明,生态警察的作用是可以将分散于政府各部门的环保领域的管理权集中起来,赋予其暴力强制性,并可直接进入司法程序。其优势在于可迅速地处理原来看似棘手的甚至有关部门无能为力的破坏生态环境的案件,防止环境污染与破坏在久拖不决中进一步恶化。但同时需要注意的是,生态环境与人类的生产生活紧密相连,某些看似破坏生态的行为往往也是人与环境争夺生存空间的结果,因此有必要通过审慎和完善的制度设计将警察权在生态环境保护中的作用限制在社会能接受的范围之内。尽管经历了曲折的发展过程,俄罗斯生态警察作为为强力执法力量介入环境保护领域的做法仍为人们提供了有益启示。

## 二 有关发展中国家环境警察发展方兴未艾

(一) 巴西

1997年,在巴西亚马孙河流域的阿克里州,成立了环境警察队伍。这支队伍旨在遏制犯罪活动,对政府卫星监控服务传递的信息和公众的举报做出回应。在该州河流系统进行例行巡逻,警察还会进行随机搜查。他们通常都在提防那些参与濒危野生动物贸易的人。该支队伍总部位于阿克里州首府布兰科郊区,在减少非法环境活动事件方面取得了重大成功。考虑到这片土地的面积和进入该州某些地区的难度,特别是在雨季,环境警察的调查可能会持续10—15天,具体时间取决于该地区的偏远程度。这意味着环境警察可能会被迫在丛林里连续几天露宿。环境警察有权逮捕任何他们怀疑违反法律的人(能够使用武器和执行逮捕)。如果发现有罪,罪犯会被处以罚款或监禁。环境警察还教育那些参与诸如砍伐森林等非法活动的人,使他们可以学习如何管理他们的土地,并在森林中谋生,这意味着他们不必砍伐树木。

(二) 秘鲁

秘鲁政府长期以来一直重视生态保护,通过不断加强环保警察力量,以保护自然资源和打击非法毁林伐木行为。2001年,秘鲁成立了旅游和生态警察部队。作为一个较为特殊的专业警察机构,它的主要任务是从事与保护国家生态环境有关的警务活动。包括在全国范围内预防环境犯罪、实施对环境的监护和管理等。特别是在林业资源丰富的地区以及环境监管薄弱的地区从事执法活动。在秘鲁,进入生态警察队伍必须经过全面和经常性的培训,培训的内容包括了环境生态保护、旅游文化与旅游安全、自然文化与国家历史文化遗产等方面的知识。秘鲁拥有极其丰富的物种资源，全国覆盖有7500万公顷的森林资源。为保护本国的生态资源，秘鲁需要至少3000人的生态警察部队。秘鲁警校每年有4500名毕业生，成为不断充实和扩大国家生态警察队伍的主要来源。[①]

（三）特立尼达和多巴哥

在特立尼达和多巴哥，环境警察机关已经存在了十多年。警官们处理违法行为是依据乱扔杂物法和机动车辆管理法以及道路交通法。这包括警官们在高速公路上巡逻并试图教育司机减少黑烟排放。他们的执法也包括去非法垃圾堆放点和被怀疑的非法采石地区巡逻。警官们还对环境许可证书持有者，依据环境许可证书规定的应遵守的条件去监控他们。环境警察被要求在环保意识、监控和执法方面有更多专业知识，因此他们需经受特殊的训练。

自1999年7月，环境警察已经在全国范围内全面打击处理违反垃圾法章程的犯罪行为、黑烟排放问题、非法倾倒和其他犯罪行为。环境警察是行政长官任命的警察执法人员并且分配到环境管理局。环境管理局的负责人表示，他们深知需要付出更多以确保防止犯罪发生，并希望在将来有更多的警察加入进来。环境警察部门的责任就是致力于保护环境和打击犯罪分子。环境警察部门是一支鲜为人知但却非常忙碌的警察部门，警察们巡逻在国家的高速公路上、沼泽地和森林保护区中、甘蔗地里以及海滩上。多年来，警察们在北海岸的海滩上巡逻，特别是在复活节周末发放垃圾袋并确保家庭享受保持干净的海滩。环境警察部门还监控工业领域，例如：采石场和锯木场；环境敏感区域和噪声污染与非法倾倒的一般区域。由于午夜监控，秘密进行非法倾倒的人们被抓和逮捕。环境警察部门对此发出有关《环境管理法》第70节内容的警告，即"通过丢弃或者处理任何污染物或者有害物质的任何人……那些故意地或者不顾一切地危害人类生活或者健康的，认为是一种犯罪行为并且证据确凿的，处以100000美元的罚款并且判处2年有期徒刑"。此外，环境管理局认为环境警察部门已经形成了一定的影响，特别是在强制取缔黑烟排放方面。环境警察也在训练学习进行监控的声级测量技术以确

---

① 贾安平：《秘鲁加强环保警力保护自然生态资源》，http://news.xinhuanet.com/world/2009-10/12/content_ 12215985.htm。

保符合2001年的噪声污染控制规则。狂欢节对这些执法人员而言是一个非常忙碌的时间段，对噪声投诉的回复以及监控规定在2000年《环境管理法》的第51节，其中规定"任何人不应该发出或者导致发出任何噪声在音量或者强度方面高于规则所规定的范围……"环境管理局的责任不仅是巡逻高速公路、节假日环境监管和监测噪声变化情况，他们也管辖环境敏感区域，在《环境管理法》的指定下监控环境敏感地区物种的保护。

（四）越南[①]

在越南，像在东南亚其他地区一样，非法贩运濒危和受保护动物等野生动物罪行正威胁着许多种。环境警察署是负责处理违反野生动物法行为的主要执法机构之一，它被认为是有助于改进对野生动物犯罪案件的侦查和反应的一个关键部门。自2007年成立环境警察部门以来，河内的执法能力有所提高。越南是《濒危野生动植物种国际贸易公约》（CITES）的缔约国，为了保护该国的许多野生动物种群，越南已经制定了国家立法，但濒危野生动植物贸易在越南各地都很普遍。越南环境警察设立了24小时野生动物犯罪热线，作为一项新的执法措施，继续打击非法野生动物贸易与其他违反环境的行为和罪行。政府机构、社会团体及市民均可通过设立的热线电话向当局举报。训练有素的环境警察随时准备响应来自全国各地的电话。超过150名环境警察接受了操作设备和处理报告的培训。

（五）约旦[②]

自2006年，约旦设立一个特别的"环境警察部"，处理该国所有违反环境法规范的人。约旦设立了一个由约旦环境部、农业部、公安部以及皇家自然保护学会组成的特别委员会，为环境警察制定立法和行政框架。环境警察是约旦警察局的一个特别部门，约有750名工作人员。他们的执法是强有力和全面的，因为环境警察将被赋予许多任务，包括检查工厂、工业区和野餐区，并对违反环境法的人处以罚款。

---

① http：//heinonline.org/HOL/LandingPage? collection = journals&handle = hein.journals/envl-nw29&div = 11&id = &page = 29 Envtl. L. 133（1999）Environmental Controls in Vietnam；Bryant, Tannetje；Akers, Keith.

② http：//www.syntao.com/PageDetail_E.asp? Page_ID=1812。

此外，在墨西哥，2009年墨西哥城正式设立了环境警察岗位，专门负责监督和保护墨城居民的生活环境，阻止非法砍伐树木、倾倒建筑垃圾、提取土壤和石料等破坏生态环境的行为。①

## 第三节　域外国家环境保护中警察权行使对我国的启示

无论是发达国家还是发展中国家，其警察权在环境执法中的角色与作用，对我国环境警察制度的构建具有重要的启示。

### 一　警察机关在获得情报与数据上具有得天独厚的优势

相对于其他执法部门，警察执法具有严密的获取情报与数据交换的网络和手段。例如，在欧洲刑事警察组织建立后，不同国家间的警察敏感情报交流变为可能。申根国家情报系统的适用使得情报交换自动化。这就为欧洲国家有效打击本国和跨国环境犯罪提供了重要的基础性条件。

### 二　警察机关的介入避免了打击环境违法与犯罪的责任分散

由于在环境执法体制上普遍存在的问题，即环境监管职责上的分散，在打击环境犯罪上也必然产生执法力量的分散与不足，在一些国家相关执法机构在执法过程中甚至会产生冲突。多头环境执法，彼此间合作不足，难以产生协同效益。法国认识到要想解决环境执法问题，必须形成一种长效机制，整合力量以有效打击环境犯罪。而解决环境犯罪需要训练有素而且法律知识丰富的执法人员，由警察负责再合适不过了。

### 三　可以借助国际警务合作机制提升打击环境犯罪的优先等级

环境犯罪的打击在欧洲和国际刑警组织都提升了优先级别。野生动物

---

① 阿图罗：《墨西哥设环境警察》，2009年7月3日，新华网（http://news.xinhuanet.com/photo/2009-07/03/content_ 11647461.htm）。

保护曾仅次于毒品走私成为排名第二的要事。① 同时环境犯罪也逐渐进入公众视野，未来它也将成为国际刑警组织重点关注的犯罪类型。就成立于1923年国际刑警组织而言，其成立目的是促进所有刑警机构的最广泛合作，预防和打击普通刑事犯罪。1992年合作打击环境犯罪的职能在这一组织中得到了正式确认。1994年还成立了打击濒危物种犯罪的国际刑警特别小组。1998年扩展为野生动植物工作小组，在与濒危物种保护条约组织开会后，共同签署了保护行动谅解备忘录。同时国际刑警也有专职的污染犯罪工作小组，主要处理有毒废物相关犯罪。2005年国际刑警组织召开了一次大型环境犯罪国际会议，46个成员方代表参与，任命了一名专事濒危物种保护的秘书处成员。

此外，欧洲刑警②、波罗的海有组织犯罪特遣小组③、北海调查人员及检察官联合执法网④、赫尔辛基委员会⑤、欧洲警察学校⑥等在打击环境犯罪和训练环境执法警察方面均发挥了重要作用。

国际警察组织与有关国家警察机关之间的相互协作，对于沟通信息，打击跨国环境犯罪具有积极作用，成为各国环境警察打击跨国犯罪的有效途径。

---

① 然而"9·11"事件使得国际刑警工作重心转移到恐怖犯罪应对中。

② 该组织成立于1992年，并于1994年开展行动。前身是负责合作打击毒品犯罪的欧洲禁毒警察小组。在附录中，将非法买卖和破坏环境的行为细致化了：（1）非法买卖武器弹药和爆炸物；（2）走私濒危动物；（3）走私濒危植物；（4）环境犯罪；（5）走私激素物质和其他促进生长的物质。

③ 波罗的海委员会成立于1992年的哥本哈根。下设波罗的海有组织犯罪特遣小组。有11个成员方。2002年召开了一个环境犯罪打击会议，出席的包括各成员国的警察和检察官。同年该特遣的秘书长提交了一份关于环境犯罪的报告。同时10个成员方提交了各自的国别报告。它们在警察合作打击环境犯罪上取得了共识，并认为对警察和海关人员的训练是极其必要的。

④ 1992年，保护海洋环境的东北大西洋会议召开，并在奥斯陆部长会议上签署了OSPAR公约。与会人员就海洋环境的重要性以及海洋动植物重要性达成共识。包括以下战略：（1）保护海洋生态多样性；（2）防止富营养化、有害物质、放射性物质；（3）限制近海石油天然气工业；（4）持续的评估和监督机制。同时成立了调查人员和检察官的联合执法网络。主要是针对海洋污染的执法障碍而建立，防止海洋污染，保护船舶安全与营生。

⑤ 它由一系列工作小组和反应小组组成。其责任包括协调空中环境污染监测，包括卫星监测；同时组织每周成员国空中污染报告。并每两年组织海洋油污泄漏评估。同时为了有效惩罚违法者，成员国将于侦查行动中联合执法。

⑥ 欧洲警察学校专门组织全欧环境警察代表参加特殊训练。模拟各种环境犯罪的场景，训练环境警察的执法反应。欧洲警察学校环境警察训练的目的在于培训成员国资深警官，使得其有效面对环境犯罪威胁，进行环境犯罪预防，执行环境犯罪法律。

## 四 基于各自国情环境警察体制、职责及执法手段上特点纷呈

在体制上，从世界各国来看，大都是考虑本国的具体情况，从可操作、以期取得实效的方案着手建立环境警察队伍，或隶属于国家最高警察部门，或隶属于国家的环境行政主管部门，或者由地方政府与警察部门联合组建环境警察队伍。

在职责上，各国在环境警察职责与任务上大都相当宽泛。除都重点规定了打击破坏环境与资源的违法与犯罪外，对环境违法与犯罪的预防、自然保护区的监管、环境保护行政部门执法人员正常活动的保证与安全保障等也不同程度作出规定。如，在英国，环境警察在国内被认为是"管事宽"的警察，不但追踪垃圾桶里的垃圾去向，还向污染本土环境、向发展中国家走私垃圾的有组织犯罪团伙宣战。可见其职责之宽。在俄罗斯，生态警察在预防环境犯罪和行政违法、为环境保护机关及工作人员的正常活动和安全提供保障、对城市和其他自然保护区实行监管三项主要任务之下，还具体包括了检测汽车尾气排放、监督垃圾的处理、保护水资源不被污染、防止冬天的融雪剂浸入土壤、打击滥伐林木、查处偷渔偷猎、检查工厂的环保措施和设备、核查有害化工品的存放以及拆除私搭乱建的房屋、小商亭、小车库，处罚在居民区制造生活噪声扰民的行为，禁止在河边刷洗汽车、检查各商店和集市的食品卫生质量等执法内容。在秘鲁，生态警察（环境警察）主要负责在全国范围内预防环境犯罪和保证对环境的监护和管理，尤其是在林业资源丰富的地区和管理薄弱的地区从事执法工作。

在执法手段上，除了警察机关通常运用的执法手段与方式外，环境警察的执法基于环境保护领域的特点更加体现出科技性。在德国，环境警察通过巡逻和使用遥测工具检查环境的污染情况，一旦发现环境污染的现象，立即采取有效的手段，把污染控制在最小范围内。任何一条小溪泛起泡沫，环境警察都会前往取样。在英国，环境局先前对环境犯罪反应被动，得到环境遭破坏消息后才采取行动调查肇事者。为及时有效打击环境犯罪，环境局投入大量人力物力，构建起包括情报网络、法医鉴定、金融调查、脱氧核糖核酸（DNA）检测、国际警务合作在内的完备调查体系。在俄罗斯，生态警察是配有武器的，在市区巡逻的环境

警察一般均佩带手枪，郊外巡逻的有时还带上冲锋枪。全副武装的生态警察对于破坏环境的违法者来说有着很强的震慑作用。

　　从世界范围内来看，无论是欧美经济发达国家，还是俄罗斯以及发展中国家，从 20 世纪八九十年代以来，均十分重视运用警察权来打击环境犯罪。只是由于各国国情、政治体制、社会经济发展的阶段等不同情况，各国在运用警察权上表现出组织体制、具体职责及执法手段上的差异性。而这些国家的有益经验对于建构我国环境警察制度均具有重要参考价值。

# 第五章　我国环境警察制度的实践探索

警察权在我国生态环境法治建设中能够发挥怎样的作用？这就要从实践中寻找答案。也即必须对环境警察在国家环境治理中的角色及作用发挥有一个清醒的认识，从而做出基本的判断。

## 第一节　我国生态环境法治建设的基本状况与警察执法依据

新中国成立后，特别是党的十一届三中全会以来，在我国法制建设繁荣发展的宏观背景下，生态环境法治的发展也取得了长足的进步。仅就公安机关涉及环境保护的执法依据亦可略见一斑。

### 一　我国的生态环境法治发展与公安执法

以1979年我国颁布实施的《环境保护法（试行）》为标志算起，中国的生态环境法治建设历程至今已走过40年。我国将环境治理、环境宏观调控、环境保护市场、环境执法以及环境司法、环境守法等都纳入法治体系，遵循环境保护的客观规律，依靠法治手段，按照生态文明建设的要求，朝着可持续发展的方向一步步迈进。早在1978年3月，当时修改的我国《宪法》第11条对环境保护做出专门规定："国家保护环境和自然资源，防治污染和其他公害。"同年11月，邓小平同志指出："应该集中力量制定刑法、民法、诉讼法和其他各种必要的法律，例如……森林法、草原法、环境保护法。"12月底，中共中央转发了国务院《环境保护工作汇报要点》，就立法保护生态环境做出明确指示。其后由全国人大常委会于1979年9月13日原则通过了首部《环境保护法（试行）》。这标志着我国环境立法的正式起步。1982年《宪法》规定，"国家保障自然资源的合理利用，保护珍贵的动物和植物。禁止任何组织或者个人用任何手段侵占或者破坏自然资源"（第9条），"国家保护和改善生活环境和生态环境，防治污染和其他公害"（第26条）。这为我国环境立法提供了宪法依据。1989年的《环境保护法》是我国环境保护的基本法，全面、原则地规定了环境保护的重大问题，明确了环境保护的任务、自然资源保护和污染防治的基本要求和法律责任，在整个环境法律体系中居于核心地位。至今我国制定的环境、资源、能源与清洁生产、循环经济促进方面的法律有30多部，占国家全部法律的1/10强。2014年4月24日《环境保护法》经第十二届全国人民代表大会常务委员会第八次会议修订通过，并于2015年1月1日起施行，标志着我国环境法治建设又迈上了一个新的台阶。

公安机关在广泛的环境与资源管理领域中行使警察权。依据现行相关法律、法规及规章，公安机关刑事警察负责打击破坏环境资源的犯罪活动；治安警察负责放射性污染管理、剧毒物品管理、废品回收业管理、烟花爆竹管理、危险化学品管理、风景名胜保护；派出所负责城市养犬管理、环境噪声管理；交通警察负责机动车大气污染管理；海洋局下设的海警负责渔业秩序维护、船只噪声污染管理；铁路警察负责铁路及周边相关涉及铁路运营安全的环境管理；海关缉私警察负责废弃物进出口管理，主要是固体废弃物进出口管理。可见警察权在环境与资源保护领域主要是由警察机构内多部门多警种分别行使，由此形成警察环境管理职能相对分散的状态。

## 二 公安机关主要执法依据

我国公安机关在涉及环境执法的依据上包括了行政执法的依据和刑事执法的依据两大方面。

（一）有关行政执法的依据

这一类体现了公安机关的日常环保职责。主要有：《环境保护法》（2014年修订）、《森林法》（1998年修正）、《环境噪声污染防治法》（1996年10月29日第八届全国人民代表大会常务委员会第二十二次会议通过，自1997年3月1日起施行；2018年修订）、《大气污染防治法》（2015年修订）、《放射性污染防治法》（2003年）、《固体废物污染环境防治法》（2004年制定，2016年第三次修订）、《水污染防治法》（2017年修订）、《野生动物保护法》（2016年修订）、《治安管理处罚法》（2005

年)、《道路交通安全法》(2011年修订)、《汽车排气污染监督管理办法》、《放射性同位素与射线装置放射防护条例》等法律、行政法规、地方性法规及规范性文件。

这其中涉及的具体职责包括对环境噪声、汽车尾气、森林资源、放射性物质、违法排放、倾倒危险物质，以及盗窃、损毁环境监测设施等环境和自然资源保护实施监督管理。例如，《汽车排气污染监督管理办法》中规定，在新车注册登记领取牌照时，将符合国家或地方机动车尾气排放标准作为发放牌照的条件之一，初次检测未达到排放标准的新车，不予核发车辆牌照；交警对使用中的机动车辆年检和路检时，把是否符合国家或地方机动车排气标准作为检测内容之一；交警可以对道路上行驶时超标排放废气的机动车辆的驾驶员进行处罚。①

我国公安机关在行政执法方面履行的涉及环境保护的职责，既有利于保护生态环境，同时也是对公民权利的有力维护。

(二) 环境刑事执法的依据

我国《环境保护法》规定，违反环境保护法规定构成犯罪的，依法追究刑事责任。我国现行《刑法》第六章在有关妨碍社会管理秩序罪中专设第六节规定了"破坏环境资源保护罪"。主要包括：污染环境罪；非法处置进口的固体废物罪；擅自进口固体废物罪；走私固体废物罪；非法捕捞水产品罪；非法猎捕、杀害珍贵、濒危野生动物罪；非法占用农用地罪；非法采矿罪；破坏性采矿罪；非法采伐、毁坏国家重点保护植物罪；盗伐林木罪；滥伐林木罪；非法收购、运输盗伐、滥伐的林木罪等。对上述犯罪的处罚一般是十年以下有期徒刑，个别犯罪情节严重也可十年以上有期徒刑，并处罚金。

此外，《最高人民法院、最高人民检察院关于办理环境污染刑事案件适用法律若干问题的解释》(2016年11月7日，最高人民法院审判委员会第1698号次会议、2016年12月8日最高人民检察院第12届检察委员会第58次会议通过，自2017年1月1日起施行) 等司法解释也对刑法中涉及环境刑事犯罪相关罪名做出了具体操作性的解释。

公安机关依据上述有关刑法规定、相关司法解释及刑事诉讼法规定，开

---

① 邢捷：《论环境法治视野下的警察执法——兼谈建立我国环境警察制度》，载《警察法学》，中国人民公安大学出版社2013年版，第3页。

展环境与资源保护的刑事执法，立案侦查破坏环境与资源保护的犯罪行为。

## 第二节　我国当前公安机关生态安全执法的总体状况

随着可持续发展战略的深入人心，保护优先原则的贯彻，我国公安机关在为经济建设保驾护航中为环境保护也做出了贡献。通过在职责范围内的环境执法，纠正环境违法行为，积极侦查、惩治破坏环境与资源保护的犯罪行为。

### 一　地方公安机关环境警察队伍的试建及其作用发挥

至今，全国范围内已有一些地方公安机关陆续建立了专司打击环境违法犯罪的队伍，在办理环境犯罪案件及部分涉及环境保护的治安案件方面，实践中已有经验可寻。

2006年3月，河北省安平县成立了全国首家"环保公安"——安平县环境保护派出所。环保派出所设在县环保局，公安干警由县公安局派出，在环保执法时公安干警同时出动，对妨碍公务执行的人员当场采取措施；2008年3月，河北永年县成立环保公安派出所。

2008年11月，全国首个公安环保分局——云南省昆明市公安局环保分局正式揭牌（2010年9月与水务治安分局合并更名为水上治安分局）。

2008年12月，玉溪市公安局环保分局也宣告成立。

2010年，山东省莒县也在环保局设立公安办事处，配备一名公安干警参与环境执法。

2011年5月，湖北省大冶市环保警察大队，成为湖北省内首个环保公安执法队伍。它接受市公安局和市环保局双重领导，与大冶市环境监察直属大队合署办公，将环保执法窗口前移，由过去的事后执法转变为过程执法，充分利用公安机关的强制手段来强化环保执法。

2011年8月，陕西省公安机关首支环境保护警察中队在镇坪县公安局治安大队挂牌成立，这标志着陕西省公安机关又一新的警种诞生。为加强环境保护工作力度，镇坪县公安局创新警务机制，抽调4名业务精湛、年富力强的民警，组建治安大队环境保护警察中队，履行《刑法》第338条和《治安管理处罚法》第58条法定的职责和任务，与县环境监察大队实行双重管理和双向考核，专门打击环境保护领域中的违法犯罪，重点侦办和查处全县违反环境保护的法律法规案件、环境污染事故及环境污染的矛盾纠纷案件,预防各类污染环境、影响社会稳定的案(事)件发生,为环境执法和合法经营保驾护航。①

2012年8月31日,山东省公安厅成立的食品药品犯罪侦查总队,后改称食品药品与环境犯罪侦查总队,承担打击本省食品药品与环境犯罪职能。

2013年初始,浙江省公安厅在全省设立公安机关驻环保部门联络室。同年12月16日,宁波市公安局成立了浙江省第一个专司打击环境犯罪的警察部门——宁波市公安局环境犯罪侦查支队。随后,浙江省地市公安机关纷纷开始建立了打击环境犯罪的专业警察队伍。2014年2月17日,温州市公安局食品药品与环境犯罪侦查支队和桐庐县公安局环境犯罪侦查大队相继挂牌成立。成立后即开展了为期40天的专项行动,重点整治电镀、酸洗等涉及重金属排放行业及群众反映强烈的行业、区域,其间共组织联合执法90余次,查破刑事案件22起,抓获违法犯罪嫌疑人27名。新成立的食品药品与环境犯罪侦查支队的主要职责包括对违反治安管理规定的环境行政违法行为立案进行查处;对涉嫌环境犯罪的案件进行立案侦查;并采取措施保障环境行政主管部门执法的顺利进行。

2013年9月18日,河北省公安厅环境安全保卫总队正式成立,专门担负打击环境污染犯罪的重要职责。这也是国内首家单独设立的省级环境安全保卫总队。以打击大气污染违法犯罪为重点,按照省委、省政府和公安部的部署要求,快侦快破一批重大案件,迅速在河北全省形成依法严厉打击环境污染犯罪的强大声势。

2014年4月,辽宁省公安厅成立环境安全保卫总队,依法惩治破坏生态环境的违法犯罪行为。环保总队为辽宁省公安厅直属机构,具体负责组织、指导、协调全省公安机关,开展预防和惩治污染环境违法犯罪活动,保障环境保护部门依法开展环境监督工作,依法打击社会反映强烈的重大污染环境犯罪活动。②

2014年4月,贵州省编委办批复在省公安厅治安警察总队加挂了"生态环境安全保卫总队"牌子,没有编制内内设机构,在治安总队成立

---

① 阮仕喜、张义华:《首支环保警察中队成立》,《人民公安报》2011年8月5日第2版。
② 于力、彭卓:《辽宁公安将成立环保总队 打击环境污染违法犯罪》,2014年4月2日,新华网 (http://news.xinhuanet.com/legal/2014-04/02/c_1110072082.htm)。

了"食药环旅"工作专班。工作专班现有 8 名民警负责处理全省生态环境安全保卫、食品药品犯罪侦查和旅游警务工作。全省 10 个市（州、区）级公安机关中，除贵阳市公安局成立了"生态保护分局"和黔东南州公安局、黔西南州公安局成立了"生态环境安全保卫（护）支队"以外，其他市（州、区）级公安机关均在治安支（大）队及加挂了"生态环境安全保卫支（大）队"牌子，暂未建立专职的生态环境安全保卫机构。全省 93 个县（区）级公安机关中，有 39 个县（区）级公安局在治安大队加挂了生态环境安全保卫机构牌子，有 3 个县级公安局成立生态环境安全保卫专职机构。

2014 年 6 月 4 日，陕西省宝鸡市公安局环境安全保卫大队挂牌成立，主要职责是负责侦办环境保护领域的违法犯罪案件，参与环保部门集中专项整治行动。[1]

2014 年 10 月 8 日，广东省佛山市公安局经侦支队环境犯罪侦查大队正式挂牌成立，成为广东省首支在经侦部门组建的"环保警察"队伍。这是一支从成立一开始就有着正式编制的环保警察队伍。这支警察队伍是经由广东省公安厅备案，采用公安系统编制，由佛山市机构编制委员会办公室向佛山市公安局下发编制。目前，整个佛山市"环保警察"共有 60 人，平均年龄 38 岁左右，都是长期在一线工作的经侦民警，通过市公安局内部严格挑选而来。这支队伍逐步走上了正规化和专业化的路子，推动了行政执法和刑事司法的无缝对接。从实践来看，2014 年以来，佛山市、区环保部门向市、区公安部门移送涉嫌环境犯罪案件 46 宗，比去年同期增长 253%。自环境警察队伍成立以来，立案侦查涉嫌环境犯罪 20 多起，共破获污染环境类案件 10 宗，刑事拘留 9 人，取保候审 3 人，逮捕 1 人。[2]

2014 年，四川省公安厅食品药品和环境侦查处成立。其中一个重要职责就是负责环境犯罪案件的立案侦查。

2014 年 12 月，重庆市公安局成立了环境安全保卫总队。

2015 年 1 月 5 日，广东省肇庆市公安局经济犯罪侦查支队、环境犯罪侦查大队正式挂牌成立。这是继佛山之后广东省第二支专门打击破坏生

---

[1] 秦玮玮、吕宪坤：《宝鸡环保警察上岗了》，《宝鸡日报》2014 年 6 月 5 日。
[2] 王开广：《佛山"环保警察"得到编制支持》，《法制日报》2015 年 1 月 2 日第 2 版。

态环境犯罪的队伍。环境警察主要针对"两高"司法解释规定应重点打击的 17 类环境犯罪,比如非法排放、倾倒、处置三吨以上危险废物,私设暗管或者利用渗井、渗坑、裂隙、溶洞等排放、倾倒、处置有放射性的废物、含传染病病原体的废物、有毒物质等严重危害环境、损害群众健康的行为。环境警察将对涉嫌环境污染的犯罪线索提前介入,联合各个部门开展调查取证。由此无论是证据搜集、案件认定还是违法人员抓捕、审查,都将更为迅速高效。[①]

2017 年 1 月,北京市公安局环境食品药品和旅游安全保卫总队成立。其重要职责之一就是打击环境犯罪。

2018 年 7 月,吉林省公安厅生态环境犯罪侦查总队正式成立,专职负责打击破坏生态环境犯罪工作。

表 5-1　　　　　　　　　　公安机关环境执法专门机构

| 设立层级 | 序号 | 成立时间 | 所属省份 | 队伍名称 |
| --- | --- | --- | --- | --- |
| 省级 | 1 | 2012 年 8 月 | 山东省 | 山东省公安厅成立食品药品犯罪侦查总队,后改称食品药品与环境犯罪侦查总队 |
| | 2 | 2013 年 9 月 | 河北省 | 河北省公安厅环境安全保卫总队 |
| | 3 | 2014 年 1 月 | 重庆市 | 重庆市公安局环境安全保卫总队 |
| | 4 | 2014 年 4 月 | 贵州省 | 贵州省公安厅生态环境安全保卫总队 |
| | 5 | 2014 年 4 月 | 辽宁省 | 辽宁省公安厅大伙房水源地保护区公安局暨辽宁省公安厅环境安全保卫总队 |
| | 6 | 2015 年 6 月 | 内蒙古自治区 | 内蒙古自治区公安厅食品药品和环境犯罪侦查总队 |
| | 7 | 2015 年 7 月 | 江苏省 | 江苏省公安厅食品药品和环境犯罪侦查总队 |
| | 8 | 2016 年 1 月 | 宁夏回族自治区 | 宁夏回族自治区公安厅食品药品与环境污染犯罪侦查总队 |
| | 9 | 2016 年 8 月 | 天津市 | 天津市公安局环境污染犯罪侦查处 |
| | 10 | 2017 年 1 月 | 北京市 | 北京市环境食品药品旅游安全保卫总队 |
| | 11 | 2017 年 3 月 | 陕西省 | 陕西省公安厅环境与药品犯罪侦查支队 |
| | 12 | 2017 年 6 月 | 海南省 | 海南省公安厅旅游和环境资源警察大队 |
| | 13 | 2017 年 8 月 | 黑龙江省 | 黑龙江省公安厅食品药品和环境资源犯罪侦查总队 |
| | 14 | 2018 年 1 月 | 广东省 | 广东省公安厅食品药品与环境污染犯罪侦查局 |
| | 15 | 2018 年 2 月 | 河南省 | 河南省公安厅食药环犯罪侦查总队 |
| | 16 | 2018 年 7 月 | 吉林省 | 吉林省公安厅生态环境犯罪侦查总队 |

① 李维宁:《"环保警察"挂牌　打击环境犯罪》,《羊城晚报》2015 年 1 月 8 日地方版。

续表

| 设立层级 | 序号 | 成立时间 | 所属省份 | 队伍名称 |
|---|---|---|---|---|
| 市、县（县级市）级 | 1 | 2008年11月 | 云南省昆明市 | 云南省昆明市公安局环境保护分局 |
| | 2 | 2011年8月 | 陕西省镇坪县 | 陕西省镇坪县公安局治安大队环境保护警察中队挂牌成立 |
| | 3 | 2013年8月 | 山东省滨州市 | 山东省滨州市食品药品与环境犯罪侦查支队 |
| | 4 | 2013年9月 | 湖北省黄石市 | 湖北省黄石市公安局环境保护警察支队 |
| | 5 | 2013年10月 | 河北省石家庄市 | 河北省石家庄市公安局环境安全保卫支队 |
| | 6 | 2013年11月 | 河北省张家口市 | 河北省张家口市公安局环境安全保卫支队 |
| | 7 | 2013年12月 | 浙江省宁波市 | 宁波市公安局环境犯罪侦查支队 |
| | 8 | 2014年1月 | 山东省济南市 | 山东省济南市公安局食品药品环境犯罪侦查支队 |
| | 9 | 2014年1月 | 山东省潍坊市 | 山东省潍坊市公安局食品药品与环境犯罪侦查支队 |
| | 10 | 2014年2月 | 浙江省温州市 | 浙江省温州市公安局食品药品与环境犯罪侦查支队 |
| | 11 | 2014年2月 | 浙江省杭州市桐庐县 | 浙江省杭州市桐庐县公安局环境犯罪侦查大队 |
| | 12 | 2014年2月 | 宁夏银川市 | 宁夏银川市公安局环境和药品安全保卫分局 |
| | 13 | 2014年3月 | 山东省青岛市 | 山东省青岛市公安局食品药品环境犯罪侦查支队 |
| | 14 | 2014年3月 | 浙江省嘉兴市 | 浙江省嘉兴市公安局食品和环境犯罪侦查支队 |
| | 15 | 2014年4月 | 山东省日照市 | 山东省日照市公安局食品药品与环境犯罪侦查支队 |
| | 16 | 2014年4月 | 浙江省湖州市 | 浙江省湖州市公安局食品药品环境犯罪侦查支队 |
| | 17 | 2014年6月 | 陕西省宝鸡市 | 陕西省宝鸡市公安局环境安全保卫大队 |
| | 18 | 2014年7月 | 浙江省永康市 | 浙江省永康市食品药品环境犯罪侦查大队 |
| | 19 | 2014年10月 | 广东省佛山市 | 广东省佛山市公安局经侦支队环境犯罪侦查大队 |

续表

| 设立层级 | 序号 | 成立时间 | 所属省份 | 队伍名称 |
| --- | --- | --- | --- | --- |
| 市、县（县级市）级 | 20 | 2015年1月 | 广东省肇庆市 | 广东省肇庆市公安局经济犯罪侦查支队环境犯罪侦查大队 |
| | 21 | 2015年1月 | 湖北省十堰市 | 湖北省十堰市公安局食药环犯罪侦查大队和内保大队 |
| | 22 | 2015年3月 | 广东省江门市 | 广东省江门市公安局食品药品与环境犯罪侦查支队 |
| | 23 | 2015年4月 | 广东省清远市 | 广东省清远市公安局食品药品与环境犯罪侦查支队 |
| | 24 | 2015年6月 | 江苏省南通市 | 江苏省南通市公安局食品药品和环境犯罪侦查支队 |
| | 25 | 2015年7月 | 陕西省西安市 | 陕西省西安市公安局环境犯罪侦查支队 |
| | 26 | 2015年7月 | 内蒙古巴彦淖尔市 | 内蒙古巴彦淖尔市环境犯罪侦查大队 |
| | 27 | 2015年8月 | 山东省莱西市 | 山东省莱西市公安局食品药品与环境犯罪侦查大队 |
| | 28 | 2015年9月 | 内蒙古呼和浩特市 | 内蒙古呼和浩特市公安局食品药品和环境犯罪侦查支队 |
| | 29 | 2015年11月 | 山东省济宁市 | 山东省济宁市公安局食品药品与环境犯罪侦查支队 |
| | 30 | 2015年11月 | 湖南省衡阳市 | 湖南省衡阳市公安局环境与食品药品犯罪侦查支队 |
| | 31 | 2016年1月 | 广东省广州市 | 广东省广州市公安局食品药品与环境犯罪侦查支队 |
| | 32 | 2016年2月 | 山东省临沂市莒南县 | 山东省临沂市莒南县公安局食品药品与环境犯罪侦查大队 |
| | 33 | 2016年3月 | 江苏省南京市 | 江苏省南京市公安局食品药品与环境犯罪侦查支队 |
| | 34 | 2016年4月 | 江苏省靖江市 | 江苏省靖江市公安局食品药品和环境犯罪侦查大队 |
| | 35 | 2016年5月 | 湖南省浏阳市 | 湖南省浏阳市公安局食品药品环境犯罪侦查大队 |
| | 36 | 2016年5月 | 江苏省镇江市 | 江苏省镇江市公安局食品药品与环境犯罪侦查支队 |
| | 37 | 2016年5月 | 湖南省浏阳市 | 湖南省浏阳市公安局食品药品环境犯罪侦查大队 |
| | 38 | 2016年6月 | 广东省汕头市 | 广东省汕头市公安局治安巡警支队环境保护侦查大队 |
| | 39 | 2016年12月 | 湖南省长沙市 | 湖南省长沙市公安局食品药品环境犯罪侦查支队 |
| | 40 | 2017年1月 | 江西省宜春市 | 江西省宜春市公安局环境犯罪侦查支队 |

续表

| 设立层级 | 序号 | 成立时间 | 所属省份 | 队伍名称 |
|---|---|---|---|---|
| 市、县（县级市）级 | 41 | 2017年2月 | 江苏省徐州市 | 江苏省徐州市公安局食品药品和环境犯罪侦查支队 |
| | 42 | 2017年2月 | 江西省铅山县 | 江西省铅山县公安局资源和环境犯罪侦查大队 |
| | 43 | 2017年2月 | 山西省临汾市 | 山西省临汾市公安局环境安全保卫支队 |
| | 44 | 2017年3月 | 四川省德阳市 | 四川省德阳市公安局环境犯罪侦查支队 |
| | 45 | 2017年3月 | 四川省广汉市 | 四川省广汉市公安局环境犯罪侦查大队 |
| | 46 | 2017年4月 | 湖南省长沙市望城区 | 湖南省长沙市望城区食品药品环境犯罪侦查大队 |
| | 47 | 2017年4月 | 四川省什邡市 | 四川省什邡市公安局环境犯罪侦查大队 |
| | 48 | 2017年4月 | 四川省德阳市罗江县 | 四川省德阳市罗江县公安局环境犯罪侦查大队 |
| | 49 | 2017年4月 | 四川省德阳市中江县 | 四川省德阳市中江县公安局环境犯罪侦查大队 |
| | 50 | 2017年4月 | 广东省云浮市 | 广东省云浮市公安局食品药品和环境犯罪侦查支队 |
| | 51 | 2017年4月 | 四川省眉山市 | 四川省眉山市公安局东坡区分局环境犯罪侦查大队 |
| | 52 | 2017年5月 | 江苏省淮安市 | 江苏省淮安市公安局食品药品和环境犯罪侦查支队 |
| | 53 | 2017年5月 | 河南省鹤壁市 | 河南省鹤壁市公安局环境犯罪侦查支队 |
| | 54 | 2017年5月 | 湖南省湘潭市 | 湖南省湘潭市公安局环境犯罪侦查支队 |
| | 55 | 2017年6月 | 四川省眉山市丹棱县 | 四川省眉山市丹棱县公安局环境犯罪侦查大队 |
| | 56 | 2017年6月 | 四川省攀枝花市 | 四川省攀枝花市公安局食品药品环境犯罪侦查大队 |
| | 57 | 2017年7月 | 四川省成都市 | 四川省成都市公安局环境犯罪侦查支队 |
| | 58 | 2017年7月 | 四川省攀枝花市盐边县 | 四川省攀枝花市盐边县公安局食品药品环境犯罪侦查队 |
| | 59 | 2017年7月 | 江西省景德镇市 | 江西省景德镇市公安局食品药品和环境污染犯罪侦查分局 |

续表

| 设立层级 | 序号 | 成立时间 | 所属省份 | 队伍名称 |
|---|---|---|---|---|
| 市、县（县级市）级 | 60 | 2017年8月 | 四川省眉山市青神县 | 四川省眉山市青神县公安局环境犯罪侦查大队 |
| | 61 | 2017年8月 | 黑龙江省佳木斯市 | 黑龙江省佳木斯市公安局食品药品和环境犯罪侦查支队 |
| | 62 | 2017年8月 | 安徽省阜阳市临泉县 | 安徽省阜阳市临泉县食品药品与环境犯罪侦查大队 |
| | 63 | 2017年8月 | 四川省达州市 | 四川省达州市公安局食品药品和环境犯罪侦查支队 |
| | 64 | 2017年10月 | 内蒙古科尔沁右翼前旗 | 内蒙古科尔沁右翼前旗公安局食品药品和环境犯罪侦查大队 |
| | 65 | 2017年11月 | 广东省江门市 | 广东省江门市公安局食品药品与环境犯罪侦查支队 |
| | 66 | 2017年12月 | 广东省中山市 | 广东省中山市环境保护侦查支队 |
| | 67 | 2017年12月 | 河南省淇县 | 河南省淇县公安局食品药品环境犯罪侦查大队 |
| | 68 | 2018年1月 | 河南省鹤壁市浚县 | 河南省鹤壁市浚县食品药品环境犯罪侦查大队 |
| | 69 | 2018年1月 | 广东省揭阳市 | 广东省揭阳市公安局环境与食品犯罪侦查支队 |
| | 70 | 2018年1月 | 广东省阳江市 | 广东省阳江市公安局食品药品与环境犯罪侦查支队 |
| | 71 | 2018年2月 | 江西省上饶市玉山县 | 江西省上饶市玉山县环境与资源犯罪侦查大队 |
| | 72 | 2018年2月 | 湖北省孝感市 | 湖北省孝感市公安局治安支队城市环境执法警察大队 |
| | 73 | 2018年3月 | 广东省台山市 | 广东省台山市公安局河道警长 |
| | 74 | 2018年3月 | 广东省湛江市 | 广东省湛江市公安局食品药品和环境犯罪侦查支队 |
| | 75 | 2018年5月 | 江苏省连云港市 | 江苏省连云港市公安局生态环境犯罪侦查支队 |
| | 76 | 2018年6月 | 江西省婺源县 | 江西省婺源县公安局环境与资源犯罪侦查大队 |
| | 77 | 2018年6月 | 广东省汕尾市海丰县 | 广东省汕尾市海丰县公安局食品药品和环境污染犯罪侦查大队 |

续表

| 设立层级 | 序号 | 成立时间 | 所属省份 | 队伍名称 |
|---|---|---|---|---|
| 市、县（县级市）级 | 78 | 2018年6月 | 陕西省西安市 | 陕西省西安市公安局长安分局环境与食品药品犯罪侦查大队 |
| | 79 | 2018年10月 | 吉林省白山市 | 吉林省白山市公安局生态环境犯罪侦查支队 |
| | 80 | 2018年12月 | 吉林省长春市 | 吉林省长春市生态环境犯罪侦查机构 |

注：设立在市、县级公安机关专门执法队伍并没有全部列举。例如，省级公安机关建立专门执法队伍后，通常所属市、县两级大都建立了相应的执法队伍。统计截止时间为2018年年底。

## 二 行业公安机关的环境执法——以森林公安环境执法为代表

在我国，行业警察机关是指铁路、民航、林业、海关等关系到国计民生的重要行业组建的公安机关。① 从行业部门分管角度看，行业警察机关作为行业部门中的重要执法力量，在环境保护中亦发挥着积极的作用。其中森林公安机关即是典型的代表。

从历史上看我国森林公安机关是由国家林业部门组建的专业公安机关。它具备了一般公安机关的性质和职能，担负着保护森林及野生动植物资源、保护生态安全以及维护林区社会治安秩序的职责。在打击各类破坏森林和野生动植物资源的违法犯罪活动方面，以及为国家生态建设和林业发展发挥着重要的作用，是国家林业部门和公安机关的重要组成部分。从历史上看，森林公安机关是于1948年在我国东北林区初始组建的。1979年颁布的《森林法》要求在林区设立公安、检察、法院组织机构。1984年5月，经国务院批准，在当时林业部下设公安局，同时列入公安部序列，成为公安部十六局。在双重领导体制下接受林业部及公安部的领导。采取"条块结合、以块为主"的领导管理体制，也即行政上以各级林业主管部门（主管方）管理为主，本级地方公安机关和上一级森林公安机关协助管理，在业务上接受公安部以及各级公安机关的指导。2007年，为解决森林公安编制及经费问题，中央机构编制委员会办公室正式核定了

---

① 随着公安改革的深入，一些原有行业公安机关已从原行业部门分离，纳入公安部，其中森林公安的职能也纳入公安部食品药品犯罪侦查局的职责范围，这一改革在地方仍在进行中。

森林公安的政法专项编制,确立了森林公安政法地位。截至2019年,除上海市外的全国30个省(自治区、直辖市),都组建起了森林公安机构,现有森林公安机构达6800多个,已形成了国家—省—市—县四级组织指挥体系。

1998年4月29日修订的《森林法》颁布后,根据《森林法》第20条的规定:森林公安机关"在国务院林业主管部门授权的范围内,代行本法第39条、第42条、第43条、第44条规定的行政处罚权"。1998年6月26日国家林业局发布《关于授权森林公安机关代行行政处罚权的决定》,以及2001年4月17日国家林业局发布《关于森林公安机关查处林业行政案件有关问题的通知》规定,除《森林法》第42条外,各级森林公安机关都以自己的名义直接办理违反《森林法》第20条授权的林业行政案件,其他涉及森林和野生动植物的行政案件都以其归属的林业主管部门授权进行办理。2001年5月9日国家林业局、公安部发布的《关于森林和陆生野生动物刑事案件管辖及立案标准》确定了各级森林公安机关直接办理的破坏森林和陆生野生动物刑事案件共19种,明确了刑事执法权限。此外,《刑法》《野生动物保护法》《野生植物保护条例》《陆生野生动物保护实施条例》以及《最高人民法院关于审理破坏森林资源刑事案件具体应用法律若干问题的解释》《最高人民法院关于审理破坏野生动物资源刑事案件具体应用法律若干问题的解释》《最高人民法院关于审理破坏林地资源刑事案件具体应用法律若干问题的解释》等相关一系列法律法规,也是森林公安刑事执法活动的具体法律依据。

全国森林公安机关通过查处破坏森林和野生动植物资源等涉林刑事案件,有力震慑和打击了各类破坏森林及野生动植物资源的违法犯罪活动,为我国生态文明建设及绿色发展做出了积极的贡献。经过几十年的发展,森林公安队伍不断壮大,机构、编制和经费都相对完善,形成了较完备的执法队伍和工作机制。

作为一个行业警种,森林警察其主要职责是负责侦查破坏森林和野生动物资源的刑事案件及对林业行政案件的查处。事实证明,其在惩治破坏森林资源和野生动物资源保护的违法犯罪方面的作用是无可替代的。

### 三 环境警察机制运行所取得的初步成果

通过近年来的实践,公安机关参与环保执法成绩斐然。2013年全国公安机关共立案侦查环境污染犯罪案件779起,抓获犯罪嫌疑人1265人。在这779起案件中有407起是公安机关主动排查、主动出击,执法力度明显上升,打击力度明显增强。① 随着2014年《环境保护法》的修改及其自2015年的实施,各级政府环境保护主管部门的执法力度也得到强化,向公安机关移送拘留和涉嫌犯罪的数量逐年提高。以全国生态环境部门执法情况对比来看,移送拘留的案件2016年为4041件,而2017年就上升为8604件,同比增长约130%。而移送涉嫌犯罪的案件,2016年为2023件,2017年为2736件,同比也上升了35%。在此基础上,各地公安机关针对环境违法犯罪实际采取措施实施拘留和立案侦查的案件也有大幅提升。

就地方来看,在云南省,2008年10月24日,省委领导在"阳宗海砷污染事件"现场办公会上提出"为了保护云南省的九大高原湖泊,可以考虑设立环保警察队伍,通过这支队伍加强环境执法,避免监管工作不到位,及时发现问题,及时消除隐患"。11月25日,昆明市政府在市环保局隆重举行了昆明市公安局环境保护分局成立暨揭牌仪式。它是我国第一个在省会市公安局成立的打击环境违法犯罪的警种与专门机构。2010年3月17日,因机构调整,与昆明市公安局水务治安分局合并,根据《中共昆明市公安局委员会关于印发昆明市公安局水务治安分局主要职责内设机构和人员编制规定的通知》《关于转发〈昆明市公安局主要职责内设机构和人员编制规定〉的通知》和《昆明市公安局水上治安分局(环境保护分局)主要职责内设机构和人员编制规定》等文件精神,设立昆明市公安局水上治安分局,加挂昆明市公安局环境保护分局牌子,职责职能合并。分局主要工作职责主要为:负责昆明市行政管辖范围内环境保护方面的刑事执法,支持、配合环境保护部门的行政执法活动;预防、制止和侦查造成重大环境污染事故,导致公私财产重大损失或者人身伤亡严重后果的案(事)件;负责市属以及省确定的市属范围内重点供水系统、重要水利设施和枢纽的治安管理和环境保护工作;承担发生在管辖水域内治安刑事案件的侦破工作;负责全市水上及渔政治安管理工作;负责昆明市辖区范围内重点污染企业环保警情信息的收集、汇总、研判工作;其他

---

① 参见专访公安部副部长黄明《每一起严重污染环境犯罪都必须承担法律责任》,http://news.xinhuanet.com/legal/2014-03/12/c_119734582.htm。

法律法规规定的职责；上级交办的其他事项。其后，玉溪、大理、曲靖等州地市级和一些县级公安机关相继成立了专门的公安环境安全保卫执法机构。

以昆明市公安局水上治安分局（环保分局）为例，为加大全市公安机关环保执法力度，严厉打击污染破坏环境违法犯罪，切实保障人民群众的环境权益，在总结经验、充分调研和法制支队等兄弟部门的大力帮助下，联合市法院、市检察院研究出台《关于办理污染环境非法捕捞水产品等刑事案件若干问题的意见（试行）》《昆明市公安局办理污染环境案件的指导意见》等执法规范，为全市公安水上环保执法提供了准确、有力的法律支撑。联合市检察院、监察局、环保局、滇管局、国土局、农业局出台《昆明市关于加强行政执法与刑事司法衔接强化环保行政案件通报、报备和移送的实施办法（试行）》，这些规范性文件的制定出台，大大加强了全市环保执法的力度，收到了一定的社会效果。另外，还制定了《昆明市公安局水上治安（环境保护）分局环保工作检查建议书》《关于落实工作责任划片分工的通知》，为分局开展业务工作提供了坚实保障，彰显了公安机关的执法的刚性。

该分局围绕职能定位和警种特点，主动参与环保、滇管、水务、安监、卫生、国土、城管、工商等部门的环保执法活动和综合整治行动，探索了公检法环及相关部门会议联系制度，发展了19家环保执法协作单位，建立健全了案件座谈、个案研讨、定期通报工作等长效机制，先后参与起草并出台发布了《昆明市人民政府关于加强整治违法排污行为的实施意见》《昆明市环境公益诉讼救济专项资金管理暂行办法》《关于环境保护刑事案件实行集中管辖的意见（试行）》《关于办理环境民事公益诉讼案件若干问题的意见（试行）》等规范性文件，以及《昆明市公检法关于办理污染破坏环境违法犯罪案件的若干意见（试行）》《昆明市公安局打击污染破坏环境违法犯罪工作方案》等意见方案。同时，针对当前环境污染、噪声污染警情走高、群众反映大的问题，建立了环境污染企业和噪声污染企业约谈机制以及环境污染隐患整改建议书机制，对公安环保执法进行了积极的探索和实践。组织开展了海陆空立体打击污染破坏环境、环境安全大排查、噪声污染、掌鸠河供水项目环境安全保卫、七小行业整治、高污染燃料禁燃、医疗废物安全、饮用桶装水安全等一系列严打整治专项行动。特别是2013年东川小江环境污染案件（国务院、公安部、省公安厅、市公安局四级督办案件)、2009年污染破坏水环境(养殖场)民事公益诉讼案以及寻甸"先锋化工"污染破坏环境案等案件属全国首例案件,其他如非法处置医疗废物案、非法排放液氨案、非法倾倒垃圾渗滤液污染环境案、"5·24"非法处置废矿物油案等案件均属全省首例。环保执法协调机制的创新和以上案件的办理,为全省乃至全国公安环保执法提供了借鉴,为《刑法》《环境保护法》、"两高"《关于办理环境污染刑事案件适用法律若干问题的解释》的修正和出台提供了借鉴和参考。从上述案件可见,公安机关查处的案件主要涉及污染水体及非法处置危险物质(包括非法买卖运输、储存、投放行为)等。

在河北省,省公安厅自2013年9月成立环境安全保卫总队就开展了为期半年的"利剑斩污"专项行动,动员和集结全警力量,向环境污染违法犯罪发起了凌厉攻势。全省各级公安机关充分利用人力和技术、网上和网下、公开和秘密等手段,对电力、钢铁、水泥、玻璃等重点行业进行不间断重点排查,整顿了一批污染企业。截至2014年4月,立案侦办环境污染案件628起(其中污染环境案件369起、非法处置进口固体废物案件7起、涉及环境污染领域的其他犯罪案件252起),破获517起,移送起诉87起,抓获犯罪嫌疑人857人;查处治安案件834起,处理违法人员1173人。会同行政职能部门联勤联动13292次,查处污染企业14994家(其中取缔4858家、关停5183家、限期整改4219家)。可谓战果显著。

在贵州省,以严厉打击生态环境违法犯罪推动生态文明建设为重要抓手,认真部署全省公安机关开展打击破坏生态环境违法犯罪工作。先后制定出台了《关于加强打击破坏生态环境违法犯罪工作的意见》和《中共贵州省公安厅委员会关于深入推进大生态战略行动的实施意见》。根据公安部的部署要求,持续深入开展打击环境污染犯罪"清水蓝天"行动;联合集中开展打击非法转移倾倒处置危险废物,打击涉危险废物环境违法犯罪行为,打击洋垃圾违法犯罪,开展电子废物、废轮胎、废塑料、废旧衣服、废家电拆解等再生利用行业联合清理整顿,开展长江流域污染环境违法犯罪集中打击整治等专项行动。全省各级公安机关领导高度重视,下大决心,花大力气,狠抓各项工作措施的贯彻落实,对打击破坏生态环境违法犯罪工作亲自领导、亲自部署,抓推进、抓落实、细化措施、明确目标。结合本地公安工作实际,认真制订打击破坏生态环境违法犯罪行动实施方案，提出具体的落实措施，明确时间进度，层层分解细化，把每一项工作任务落到单位、落实到岗位、落实到个人，确保专项工作有人抓、有人管，取得了较好战果，有力地促进了贵州生态文明实验区建设。2014年4月至2018年6月，全省公安机关侦办破坏生态环境保护犯罪案件712起（其中污染环境案51起，非法捕捞案件468起，非法采矿79起，非法占用农用地114起），抓获犯罪嫌疑人800余人。刑拘720人、逮捕550人、取保候审358人、移送起诉700余人。查处环境违法公安行政案件267起、行政拘留274人。

在山东省，公安机关重拳打击国土资源、海洋资源等领域的违法犯罪活动。依法开展整治土地管理秩序，查纠土地违法违规案件。查处非法开采及破坏性开采矿产资源等违法犯罪行为，维护了环境秩序。例如，2013年2月，淄博一污水处理厂的城市污水管网被不明物质严重污染。淄博市公安局接到报警后，立即与市环保局启动联动执法机制，组成专案组对污水处理厂上游排污企业进行排查，最终锁定了两家化工企业存在排污嫌疑，使这一案件很快侦破，有力打击了污染环境的犯罪行为。山东公安机关特别强化了环境保护行政执法与刑事司法衔接机制建设，建立了公安机关与环境保护部门的联勤联动机制。通过执法主体建设、执法制度的建立与完善，重点对破坏污染源自动监控设施、非法排污、非法倾倒有毒有害物质等环境污染违法犯罪为，采取有力措施予以严厉打击，有效提高了环保行政执法权威和对环境污染违法犯罪的打击效能。

在浙江省，有11个市和84个县（市、区）设立了公安机关驻环保部门联络室，并将实现全省覆盖。2013年浙江省公安机关共侦破污染环境犯罪案件155起，对323人追究了刑事责任。在执法中，确定的重点是打击在饮用水水源一级保护区、自然保护区核心，以及医院、学校、居民区等人口密集地区及附近排放、倾倒、处置有放射性的废物、含传染病病原体的废物、有毒物质等违法犯罪行为。重污染行业以及国家明确淘汰类污染项目均是警方行动关注的重点。钱塘江流域、上游河道流域及周边，当地"五水共治"确定的治污重点区域及群众反映强烈、矛盾问题多发的、环境污染较为严重的地区是打击的重点区域部位。浙江省环保厅、公安厅、省检察院、省高级人民法院还联合下发了《关于建立打击环境违法犯罪协作机制的意见》，进一步细化了各部门应当履行的工作职责，明确了实现资源共享，建立健全日常联络员、案件会商、案件督办制度以及强化培训、考核，向政府和相关行政监管部门提出工作建议等内容。

在辽宁省，2014年辽宁省公安厅成立了环境安全保卫总队。是在全国继河北省之后的第二家在省公安厅层级上成立的专门的公安环境安全保卫执法队伍。全省14个市局全都建立了打击环境污染犯罪部门，100个县区局也明确了相应的专兼职机构，并在基层派出所指定一名副所长负责此项工作。与此同时还设立了辽河凌河保护区公安局、江河流域公安局两个省厅直属局，专门从事水资源环境的保护工作。目前，全省公安机关专门从事环保工作的民警队伍已经达到了2100余人，这为做好公安环保工作提供了有力的组织保障。针对环境污染违法犯罪活动，近年来先后启动了"亮剑斩污""蓝天碧水净土"等一系列专项行动，仅在2016年，全省就侦破环保领域刑事案件113起，破获公安部督办案件7起，比上年增长了27%、40%；查处了158起行政案件，同比增长了50%。围绕重大环境污染犯罪，不断加强多警种合成作战机制建设，集中专业力量、专业手段开展专案侦办，成功破获辽阳"7·13"案件等跨区域团伙性环境污染案件。总队统一组织辽阳、本溪等地公安机关，打掉3个横跨吉林、辽宁、河北三省的倾倒危险废弃物团伙，抓获犯罪嫌疑人17人，彰显了公安机关打击环境违法犯罪专门力量的能力和决心，对破坏环境的不法人员形成了强大震慑，在社会上产生了良好反响。此外，还在"管、防、控"上下功夫，近年来，围绕易制毒化学品管理出台了20余个规范性制度文件，重点夯实了备案审批环节，严防易制毒化学品流入非法渠道；细化噪声扰民行政处罚裁量标准，为受理查处此类案件提供了可操作、精细化的执法依据；对"黄标车"等高污染车辆以及违规运输危化品车辆加强路检路查，2016年以来共查处此类交通违法行为6200余起；研发了危险化学品治安管理信息平台等信息系统，把2968家涉危企业的基础信息全部登记入库，进行实时动态管控。此外还加强了应对环境突发事件的各项准备工作，建立了应急预案，对重污染天气、船舶污染、剧毒化学品运输车道路交通事故等，分别明确了责任分工和处突指挥流程，确保一旦有事，各警种能快速反应、无缝衔接、有效处置。

上述省、市公安机关环境执法的情况在全国具有一定典型性，反映出一些共性：一是公安机关专业化执法队伍的建立，大都是在当地环境问题的压力下催生的。同时也有当地党委、政府对生态环境保护的高度重视。二是在执法上都明确了各自的重点。这主要是根据当地环境的突出问题，有针对性确定执法的主要方向。例如河北省十分重视向大气排放污染的环境问题，将其作为案件侦办的重点。而浙江省、云南省公安机关则结合当地地理特点，将污染水体的违法犯罪行为作为重点打击的方面。三是大都十分重视专业化、制度化建设。在不同层级上成立专门队伍，履行打击环境违法与犯罪的职责。另外在制度建设上，包括警察环境执法的专业化培训、执法制度的建立健全等。四是通过公安执法的介入在打击环境犯罪上均取得了显著的效果。

## 第三节　环境警察执法实践中有待解决的问题

在公安机关探索环境警察执法机制的过程中，也遇到了一些问题和障碍。

### 一　法律支撑不够

由于缺乏相关的立法依据，环境警察在对一些污染事件的处理中，只能根据其他部门管理的规定，借助其他部门管理的渠道，以配合其他管理部门执法的方式达到环境警察执法的目的。[①] 此外，我国目前的环境法律法规中，对污染的界定往往较为模糊，缺乏应有的操作性，使得某些排污企业有法律空子可钻。目前，我国在环保方面颁布的法律大都是在20世纪八九十年代制定的，如《大气污染防治法》[②] 《水污染防治法》[③] 等，后虽有的法律经过修改，但面对严重的环境污染，执法人员在具体案件办理时仍明显感觉法律支撑不够。例如，向大气排放各类有毒有害物质以及粉尘、烟尘污染是造成大气污染的重要原因之一，诸如PM2.5、PM10等粉尘对人体的毒害性很大，对此社会民众反应强烈，但由于此类行为在公安行政执法环节管理和处罚的法律依据缺失，很难进行有效打击处理。

---

[①] 例如，对于环境污染企业，以是否有工商营业执照等情况进行处理。如私自无照非法冶炼金属矿，造成环境污染，环境警察则是采取配合工商部门根据《无证无照经营取缔办法》相关条款的规定，对这种企业的无照非法冶炼金属矿场所予以取缔关闭。

[②] 1987年制定，后经1995年、2000年、2015年、2018年多次修改。

[③] 1984年制定，1996年、2008年、2017年进行修改。

## 二 现有的法律规定部分缺乏可操作性

正如一位西方学者在谈及世界许多国家环境立法状况一样,"作为对环境问题和人权违反情况的回应,法律得到了很大程度的扩充,但语言总是模糊,而且缺少处罚和实施机制"[①]。2010年施行的《刑法修正案(八)》,拓宽了污染物的范围,降低了入罪门槛,且《最高人民法院、最高人民检察院关于办理环境污染刑事案件适用法律若干问题的解释》(以下简称《解释》)对环境污染刑事案件办理适用刑法条款进行了可操作性的解释,诸如"严重污染环境""后果特别严重""公私财产损失""有毒物质"等,解决了一些执法实际问题。但实践中发现,《解释》中还是有些条款含义不明,缺乏可操作性。例如,《解释》第1条第3项的规定仅列举了含重金属的持久性有机污染物,对于排放其他污染物(如向大气排放的二氧化硫、氮氧化物等)超过排放标准三倍是否构成犯罪,实践中认识并不一致。还如,对于第10条"有毒物质"第3项重金属是否仅包括所列举的4种(铅、汞、镉、铬),也有不同意见。再如,《解释》中规定"对县级以上环境保护部门及其所属监测机构出具的监测数据,经省级以上环境保护部门认可的,可以作为证据使用"。从实践中看,县级环保部门大多具备基本的监测资质,完全有能力独立出具监测报告,省级认可也仅仅是程序认可而非实质认可,且周期长、效率低,严重影响了公安机关办案超时限。此外,在公私财产损失认定问题上,《解释》第1条第9项所述的"公私财产损失",对损失的范围进行了明确规定,但未明确鉴定机构。实践中物价部门不具备对污染环境造成的"公私财产损失"进行认定的资质,公安机关目前也很难了解哪些第三方鉴定机构是经过批准备案的专业损害评估鉴定机构,导致对污染环境犯罪中涉及的"公私财产损失"无法及时出具鉴定结论。最后,对鉴定结论如何复议的问题上,《解释》第11条对可以作为证据使用的鉴定意见、检验报告和监测数据进行了明确。但依据我国《刑事诉讼法》的相关规定,对鉴定结论不服,当事人可以申请重新鉴定,实践中涉及污染环境犯罪中的鉴定对象比较特殊,如水体、大气等监测对象,通常会很快发生变化甚

---

① [英]简·汉考克:《环境人权:权力、伦理与法律》,李隼译,重庆出版社2007年版,第110页。

至灭失，失去重新鉴定的条件，实践中应如何进行操作则成了一个难题。

在办理环境污染行政案件中同样遇到一些难以操作的问题。例如，《治安管理处罚法》第30条规定："违反国家规定，制造、买卖、储存、运输、邮寄、携带、使用、提供、处置爆炸性、毒害性、放射性、腐蚀性物质或者传染病病原体等危险物质的，处10日以上15日以下拘留；情节较轻的，处5日以上10日以下拘留。"但实践中很少能够做出行政拘留的处罚。这是因为，本条所规定的"毒害性、放射性、腐蚀性物质"或者"传染病病原体"等危险物质没有明确解释，能否等同于"危险废物"或"有毒物质"进行行政处罚，实践中认识不一致。并且对上述物质的认定，在治安处罚过程中是否需要以鉴定结论作为定案依据以及所需鉴定结论应当由哪个部门出具均不明确。此外，《治安管理处罚法》在《刑法修正案（八）》拓宽了污染物的范围，降低了入罪门槛的情况下，并未作相应调整，办理治安案件的标准并未降低，仍然要求污染物是危险物质才能处罚，造成公安机关办理此类案件操作上的不畅。

## 三　取证难，取证成本高

环境违法犯罪案件与其他类别案件相比，在取证上有着明显的不同。如在环境污染事故中，有的危害后果能立即显现，而有些则要经过一定时间甚至相当长时间后才能显现。此外，污染发生后，废水、废气和噪声等其状态都处于随时变化之中，等执法人员赶赴现场取证时，有的环境污染现象已是"时过境迁"。并且对于危害程度的认定、污染物及固体废物的鉴定，通常都需要借助科技手段。但目前有资质的环境污染损害评估机构和检验鉴定机构还很少，全国也只有29家左右，远远满足不了现实办案需要。此外，高昂的鉴定费用也限制了案件办理、后期诉讼的顺利开展。一些案件在侦查过程中仅损害评估方面的鉴定费动辄几十万元，甚至几百万元、上千万元。尤其是当前基层办案经费十分紧张，这也会挫伤基层查处此类违法犯罪的主动性、积极性。因此，在办理环境违法犯罪案件上，整体体现为证据质量要求高，环境鉴定评估专业技术性强，涉及领域广，定性难，定量认定更难。采集到污染物后，污染成分在鉴定上缺少技术支撑，对于复杂物的检测，必须由专业的检测鉴定机构来进行，检测成本很高。检测产生的费用由谁来承担，也是一个需要解决的问题。

## 四 现有办案程序规定与环境案件办理需要不适应

例如在办理环境案件的时限的规定上，由于在取证上的特殊性，[①] 导致突破办案时限，造成执法被动。有的检测报告难以很快得出，有的超过30日甚至更长时间才能得出报告，而公安机关对嫌疑人采取强制措施都有明确严格的时间规定，时限一过，对造成环境污染与破坏的责任人再进行控制及制裁就会造成程序违法。

## 五 对环境违法犯罪打击及时性不强，执法力量相对薄弱

由于环保执法专业技术性强，公安机关发现案件线索后，难以立即认定污染性质，污染危害后果往往还具有长期性、隐蔽性等特征，执法人员通常难凭直观确定污染程度，必须借助专业设备和技术人员。由于专业技术人员缺失，技术装备匮乏落后，导致造成污染问题难以及时发现、及时查处。

# 第四节 现实状况与问题带来的思考

针对我国警察机关环境执法的现状，为在现有体制和条件下进一步有效打击污染环境的违法犯罪行为，既要立足现实，又要具有改革创新的精神。同时要将生态安全执法与维护国家安全、社会稳定紧密相连。生态环境安全风险亦有可能导致社会公共安全风险。从现实中看，因环境问题引发的群体性事件已不在少数。公安执法应全力以赴防风险、除隐患。通过执法切实解决公众反映强烈的突出环境问题。充分运用信息化手段，开展风险评估和动态管控，切实做到底数清、情况明、管得住，坚决防止因环境违法犯罪影响国家安全和社会稳定。"明者因时而变，知者随事而制。"公安机关生态安全执法与制度创新，需要抓好理念创新、手段创新、基层工作创新，打破传统思维方式和方法，正确运用环境警察权，积极探索有利于破解生态安全执法工作中难题的新举措、新办法。结合实践中存在的问题，笔者认为应从多层面、多角度探索警察在环境保护中作用的发挥。

---

① 如涉及抽取水体样品，对特定污染物进行检验，往往耗用较长时间。

## 一 树立公安机关及人民警察生态环境保护意识

随着全社会环境保护意识的逐步树立，公安机关必须认清自身在环境保护中的角色与地位，基于其自身的行政管理与刑事司法两大职能在我国环境保护监管体制中真正发挥应有作用。思想是行动的先导，理念是行动的指南。实践中，需要对公安民警进行广泛深入的环境法治与生态文明理念教育。在执法中树立尊重自然、顺应自然、保护自然的生态文明理念，切实维护公民的环境权，保护环境，保护资源，担负起打击破坏环境与资源的违法犯罪的重要职责。我国公安系统长期存在忽视环境保护执法的思想，必须通过不断的学习与培训，使公安民警真正认识到环境安全是国家安全的重要组成部分，维护环境秩序也是在维护社会的公共秩序。

## 二 提升执法主体依法履职能力

由于环境安全保卫执法对于专业技术知识要求比较高，对许多公安民警来说都是新生事物，基层派出所民警这方面的知识基础更为薄弱，限制了打击环境犯罪的实效。比如对于精细化工、制药等高科技、高附加值行业，民警很难对这些工艺流程进行全面系统的了解掌握，没有专业技术人员的辅助，无法通过现场检查发现环境污染问题，往往是不法企业已经对周边土壤、空气或水域造成长期污染，产生一定后果才能被发现。例如，实践中某省侦办的一起某地炭黑厂污染环境案件，公安机关虽然联合环保部门多次对其进行了现场检查，但由于缺少专业知识，无法及时发现问题，直到该企业生产排放的污染物煤焦油，通过渗井渗坑影响当地农地耕种后，才被发现查处。由此，应结合办案需要，对专门从事环境安全保卫执法的公安民警加强环境科学必要知识方面的培训，以提升业务能力和执法水平。

环境警察专业队伍是保障环境警察制度长远发展的前提条件和坚实基础，是实现环境警察制度工作目标的根本保证。加强环境警察的素质能力建设，走"精兵之路"。一是明确环境警察基本素质能力标准，除了要具备一般警察的业务技能外，还要具备生态学、环境科学等环境专业知识。二是加大专业培训，提升环境警察专业化水平。以基层一线环境警察为主体，按照"案怎么办、侦查员怎么练"的原则，按实战要求进行环保专业技能培训，突出环境警务培训，提升环境警察执法依法办案技能和做群众工作的能力。建立健全贴近实战的教育训练体系，严格实行环境警察执法人员资格管理，逐步实行持证上岗制度，不断提高侦查办案水平。三是加强与环保行业协会、公益组织和相关环境保护职能部门的沟通，从中确定专门人才，建立人才库，为侦查工作服务，并将购买司法鉴定、审计等社会服务纳入年度财务预算，提升打击环境犯罪的专业能力。四是把引进专门人才作为提升环境警察专业化能力的重要抓手，制定专门人才引进计划，搭建人才引进绿色通道，做好环境警察人才储备工作。五是全面落实执法责任制，完善激励约束制度。狠抓反腐倡廉和监督问责，清醒认识环境警察队伍严峻的执法风险和廉政风险，坚持业务、队伍"两手抓、两手硬"，正风肃纪、杜绝隐患。

此外，要提高对环境污染犯罪线索的发现能力。从实践中看，许多污染环境案件多发生在工厂排污区、垃圾填埋区、废物燃烧区等处所，大多设置在人稀地广的偏远郊区，污水排放企业则选择靠近河流、湖泊的位置，通过隐藏在水下的管道排放有毒有害污水，这些都使污染环境行为具有极强的隐蔽性，传统的公安工作手段很难排查发现。目前，公安机关应通过建成启用的大情报系统、合成研判中心等，将环境类的情报线索整合进来，而目前对一些环境犯罪线索还不能做到及时掌控。在具体侦查执法中，往往是由环保部门最先介入，发现涉嫌犯罪后再移送公安机关，某省2014年以来破获的255起环境污染犯罪案件中，有136起为环保部门移交，占到53.3%，公安机关自行发现线索的目前只占三到四成，使得许多环境犯罪持续的时间被拉长，对环境的污染损害更为严重，也延误了刑事侦查、取证抓捕的最佳时机。这种模式，虽然有部门间职责分工的原因，但不可否认也有获取线索渠道单一、对环境犯罪的人力情报手段不强等原因。必须打破情报壁垒，增强主动发现的能力。

## 三 注重现有执法依据的完善及可操作性

完善现有执法依据是制度建设的重要基础。结合公安机关涉及环境执法的现有问题，笔者认为，从完善立法的角度应从以下方面加以明确：

（1）明确污染环境罪的犯罪类型。2011年《刑法修正案（八）》对污染环境罪进行修改后，对污染环境罪是行为犯还是结果犯、是过失犯罪还是故意犯罪仍存不同见解。笔者认为，污染环境罪既可以是故意犯罪，也可以是过失犯罪；既可以是行为犯，也可以是结果犯。例如，某县办理的一起电镀锌污染环境案件中,行为人利用暗管排污,但因公安机关及时发现,电镀废液尚未排出院外就被制止,经环保部门检测,废液中重金属超标达几十倍。但在处理时当地公安机关与检察机关意见产生分歧。公安机关认为利用暗管排放有毒物质是行为犯,行为实施了违法行为即构成犯罪,实际未排出院外可做量刑参考。而检察机关则认为未造成实际危害后果,不构成犯罪。对此,应通过法律修改加以明确。

(2) 明确相关法律概念。对公安机关执法适用依据中的概念应当具体定义。如《解释》第1条第4项规定了几类排污行为直接入罪。从笔者调研情况看,部分地方对"暗管""渗坑"的理解并不一致。举例来说,某公安机关办理的一起污染环境案件中,某企业将含酸、重金属的废水(数值未超三倍,数量不够三吨)直接排到厂区外的天然土坑内,对此"坑"是否为渗坑与检察机关认识不一致。公安机关认为是渗坑,而检察机关则认为渗坑是为隐蔽排污而开挖的土坑。而此案如认定为渗坑,即可够罪,否则将不够入罪。再如某公安机关办理的一起污染环境案件中,行为人趁黑夜将含焦油的废物拉到野地一沟内倾倒,经查证为2吨,如认定该沟为渗坑,则可以追究刑事责任,否则将不够入罪。对此类概念,必须以列举的方式加以具体明确。

(3) 明确相关操作要求。根据《解释》,构成污染环境罪的行为各不相同,对其鉴定、监测的操作要求也不一样。其中第1条第1项规定,一级水源保护区排放、倾倒、处置有毒物质和利用暗管、渗坑、渗井排放、倾倒、处置有毒物质并无"量"的要求,而第2项、第3项等均有"量"的要求,但"量"的内容也不一样,这就对鉴定、监测的操作提出不同要求。实践中,办理的案件不论是利用暗管、渗坑排污,还是其他非法排污行为,均要求重金属和有机污染物达到标准三倍以上,如未超标则不予考虑。例如,某市公安机关办理的一起磁选厂污染环境案件中,排放量达到了三吨以上,但在认定排放物是否为危险废物时,只按碱性废液(pH>12.5)认定,而对其中所含砷、锌、硒等重金属,因未超排放标准,则未认定为含砷废物、含锌废物和含硒废物。笔者认为,对于以"量"入刑的条款,应进一步加以明确,以便于操作。此外,从操作层面上看,还需要进一步明确鉴定机构的范围。《解释》规定,涉及污染环境的专门性问题由司法鉴定机构出具鉴定意见,环保部门的监测报告可以作为证据使用。但环保部门的监测机构由于种种原因出现相互配合不协调的现象,影响案件办理。例如，某公安机关在办理一起利用渗坑污染环境案件时，因省环保厅未对基层环保部门监测报告予以认证，导致案件不能继续侦办。后与公安机关刑事物证鉴定中心沟通，各刑事物证鉴定中心有能力对《危险废物名录》中的重金属、有机污染物，以及废酸、废碱等物质进行鉴定，出具的物证鉴定书可做证据使用，此案才得以继续办理。如果此案由公安技术勘察民警依法进行现场勘察、取证，然后交由公安机关刑事物证鉴定中心鉴定，则可以顺利办理。因此，应当统一明确公安机关办案民警可依法对污染环境案件现场进行勘查、取证，公安刑事技术部门可以对现场勘查提取、扣押的物证进行鉴定，出具的鉴定结论可作为证据使用。

## 四 完善环境警察执法制度机制，实现执法队伍专业化

"为者常成，行者常至。"要在大部门大警种改革背景下实现生态安全执法专业化、职业化，应对环境犯罪团伙化、职业化的问题。大部门大警种改革是针对原有机构臃肿、警力紧缺、运行不畅的问题，通过重组职能、机构和警力，压缩指挥层级，推动警力下沉，理顺所队关系，提升公安工作整体效能而推出的改革措施。大警种制改革不是把警力简单地重组，也不是把各警种职能单纯地相加，而是在"按警种设置部门、按职能设置专业"思路下，从各警种部门职能的逻辑关系中，发掘出更为合理的"谋篇布局"，需要强化大警种内各种资源的高度整合和深度应用，进一步彰显集群作战优势。"建立警力随着警情走的编制动态调整机制"的改革目标，科学配置专门的环境警力，摒弃"机制改革就是撤并机构"的错误思想，以地域大小、经济发展方式、实有人口、案件、交通状况等因素综合规划，合理布局，确定环境警察队伍建制和人数。一是可以使原来分散在公安机关相关治安、刑侦、交警等警种的环境案件侦查办理职能，统一到一个部门，并进一步提升侦办环境安全案件的专业能力。二是针对环境犯罪形式团伙化、职业化、产业化，实现打击环境违法犯罪队伍的实战化、专业化、职业化、扁平化，环境刑事案件的侦破要走专业研判、多警种同步上案、警力统一调配之路。实行上下级职能贯通、多警种协调联动、多手段同步、指挥高效、警令畅通。三是采取线索搜集、打击、整治一体化，以专业灵活高效的组织形式，将当地与环境安全保卫工作相关的监察管理职能单位和部门的专业技术人员纳入协作队伍，并根据环境安全保卫工作实际进行培训和演练，从而在必要的时候能够迅速得到

外界专业支持和援助。即把发挥整体优势和发挥专业优势结合起来，变"支援警力"为"专业警察"，发挥侦查队伍快速处置和侦办各类多发性危害环境安全案件的职能。快准狠打击危害环境安全的犯罪团伙，提高攻坚克难能力。

## 五 深化环境警察执法信息化建设，实现执法流程信息化

运用现代科技手段，构建"智慧环境警察执法警务"，解决发现得了、发现得早、打击处理得当的问题。"苟利于民，不必法古；苟周于事，不必循旧。"针对打击环境违法犯罪处于被动与事后惩罚，及时性不强的问题，"我们要主动适应科技革命大趋势，既善于运用现代科技最新成果破解难题，又善于防范其给国家安全和社会稳定带来的风险挑战，把社会治理提高到新水平"，把加强信息化、智能化建设作为提升环境犯罪侦查能力的重要途径。树立"数据就是战斗力、各数据者得天下、用数据者胜天下"的意识，以"联动融合"理念为引领，统筹有关部门和企业资源。要树立主动预防环境犯罪的意识，探索使用云计算、大数据等现代信息技术，推动信息网络技术与环境安全保卫工作的深度融合，为环境案件防控和侦办工作提供智力支持。深度提炼环境犯罪的行为特征、类罪特征并进行数据化描述，研发可升级、可拓展和智能化的类罪数据模型，建立分析管理机制，通过大数据的集聚、融通和应用，发现犯罪线索；同时，分析、研究环境犯罪信息和规律，及时制定预防、打击对策，力争在发现案件线索后，即能认定污染性质，如推广使用三维荧光指纹技术解决水污染的溯源追踪问题。追踪犯罪轨迹，拓展犯罪网络，将已有的环境在线监测与社会治安防控的"天网"工程的监控探头以及卫星遥感、无人机等现代侦查信息技术相融合，探索建设"环境安全保护远程监控系统"，作为远程执法"哨兵"，使之成为发现环境违法犯罪问题的重要途径。做到对危害环境安全的行为早发现、早研判、早预警、早处置，提高监管和打击危害环境安全违法犯罪工作的针对性和有效性。实现对环境犯罪的主动、精确、集约打击，推动环境警察执法工作理念的改革创新和运行机制的转型升级。加强技战法总结，健全完善优秀技战法生成机制，推动形成数据化实战新格局，提高打击防范环境犯罪的质量和效率。

## 六 打造"阳光执法"突出办案质量

"志不求易者成,事不避难者进。"目前,虽然环境、公安、国土、水利等相关部门开展"环安"联动,特别是环境警察作为环境执法的有力手段在一些省、市推行,但对其职责、工作方式、人员构成等需要在法律上进一步明确。一些地区仍然存在案件数量偏少、办案质量偏低、衔接配合不畅等问题。导致"量少质弱","盯不准""镇不住"和"以罚代刑"等问题。要运用互联网思维,有效解决目前环境安全行政执法与刑事司法的新问题:一是通过互联网了解民情,利用现代网络技术拓展案件线索来源,解决目前案源少的问题。二是建立政法委、公检法和负有环境安全监察管理等多个部门共同参与的情报会商、案件侦办、审判协调的"信息共享平台",建立和完善刑事司法与行政执法联动机制,落实《环境保护行政执法与刑事司法衔接工作办法》。三是推进"阳光执法"。坚持行政执法机关和公安机关办理的涉及环境安全的行政案件、刑事案件,公开执法依据和执法过程。将危害环境安全违法犯罪案件信息录入执法办案系统平台,通过信息化流程实现对案件侦办的监督管理。自觉接受人民群众和人民法院、人民检察院的监督,高度重视信访投诉所反映的执法问题,提高核查质量,认真落实整改。

## 七 探索创新生态安全执法的新模式

进一步强化部门间的协作配合。把现有的联席会议、联合执法、异地调警执法、定期会商研判等机制充分运用好,不断探索新途径,建立新机制,力争在信息整合、资源聚合、手段融合等方面,取得新的更大的突破。在此基础上,健全完善长效治理机制,形成上下联动、齐抓共管的格局。构建多方参与的共治格局。一是强化非政府的环保志愿者组织的自治功能。建立健全环保志愿者组织参与政府打击环境违法犯罪的政策研究、预防环境违法犯罪、维护企业和公众合法环境权益的工作机制。二是落实企业的主体责任。指导生产经营企业自觉守法诚信经营,加强环境管理。坚持堵疏结合、打扶并举,对企业履行承诺情况开展"双随机"执法检查,通过网络平台向社会公开承诺企业、产品及检查信息,培育"重质量、守承诺"企业,促进"中国制造"技术进步和转型升级。三是加强舆论监督和宣传教育。发挥新闻媒体的正面引导和舆论监督作用,积极运用传统媒体和新兴媒体解读政策措施、宣传先进典型、曝光反面案例。组织开展宣传教育活动，普及知识产权和识假辨假知识，鼓励企业和公众举报投诉环境违法犯罪行为，营造抵制环境违法犯罪的良好社会氛围。创新环境保护人才培养机制，将保护环境等内容纳入中小学有关课程以及高等院校必修课程，培养保护环境、人人有责的意识。四是在环境安全保卫工作中重视环境公众参与，提高公众参与环境保护意识，使环境安全工作走进千家万户。发挥农民、居民的环境监管主体地位。充分借助综治网格员加强环境安全基层基础工作，推行"一村一辅警""社区民警+网格员""互联网+社区警务"工作机制以及"红袖章"参与环境安全保卫工作力度，明确社区民警、辅警和网格员环境安全保卫工作职责，当好环境安全保卫工作的政策传播员、信息采集员、安全监督员、法规宣传员、民情调查员、平安建设员。构建立体化的社会治安防控体系，让危害环境安全的违法犯罪无处藏身。

## 八 加强综合保障，实现执法行为标准化

俗话说，"工欲善其事，必先利其器"。加强执法保障，地方各级政府要结合当地实际，加强环境警察执法工作业务经费和涉案物品环境无害化处理经费的财务保障，加大环境警察的装备建设，改善并配齐配全执法装备，加大环境检验检测技术建设和监测设备投入，为环境警察配备先进的现代化仪器，充分发挥利用高科技手段威慑、阻止环境污染行为，提高执法监管能力；根据执法任务需要，合理确定环境警察执法办案人员比例，健全环境警察合法权益维护机制，保障环境警察依法履行职务。通过调查，从环境警察已有的执法实践看，执法中还存在的问题有：官方认定的、有资质的鉴定机构数量较少，水污染相关的鉴定难以跟上，由此引致取证、鉴定难，鉴定成本高。再者，环境监察部门与公安部门的证据认定标准不一，环境监测部门移交至公安部门的证据，公安部门还得重新清理，由此，增加了办案的时间成本，有时也难免造成证据的灭失。另外，有的地方环保部门与公安机关的协调联动机制为临时的而非常设性的机制。鉴定机构的效力层级要求、证据的时效性等，难免导致一些案件不得不予以简单化处理，进而导致对环境违法犯罪行为的打击不力。

# 第六章 现代环境警察制度本土化构建总体思路

## 第一节 我国环境警察制度的定位

环境问题在当今中国发展的影响，已远远超过污染治理本身，越来越呈现为敏感的民生问题和发展问题。单纯的环境问题本身并不一定构成政治问题和政治活动，但当它同时成为社会民生和发展问题时就会演变为一种现实的政治问题。我国环境治理是国家治理的重要组成部分，体现为国家发展的绿色政治，关乎国家的长远大计。环境警察制度的确立作为政府实施生态环境安全监管的重要举措之一，需要明确其在国家环境治理中的基本定位。具体包括了其在我国环境监管体系中的基本定位，以及在我国环境司法中的定位。此外，环境警察执法功能的定位也决定了其自身的职责。

### 一 环境警察制度在我国环境监管中的基本定位

当环境问题日益成为严重的社会问题之后，政府的环境监管作用也为人们所关注和希冀，并将环境保护这种公共产品的提供集中于政府身上。面对工业化、城市化进程中出现的人口膨胀、环境污染、社会秩序混乱等问题，政府通过扩大其社会职能、向社会提供大量服务等方式来解决环境危机，并力图寻求广泛的社会支持。回顾以往政府对环境事务管理所发生的变化，从最初以"命令—控制"为主的管制手段，到20世纪80年代以后，大量以市场为导向的经济刺激手段被运用，再到20世纪90年代以来，以自愿合作为基础手段的频现，政府在不断探索新的环境管制手段。在这一理论与实践的探索中，政府的传统管制手段因其局限性而日渐式微。那么是否可以认为传统的、以体现强制性为特征的环境监管手段从此淡出这一领域呢？笔者持明确否定态度。这是因为，"当前，我国环境状况总体恶化的趋势尚未得到根本遏制，环境矛盾凸显，压力继续加大。……人民群众环境诉求不断提高，突发环境事件的数量居高不下，环境问题已成为威胁人体健康、公共安全和社会稳定的重要因素之一。……环境保护法制尚不完善，投入仍然不足，执法力量薄弱，监管能力相对滞后"①。要真正扭转生态环境恶化趋势，实现全国主要污染物排放得到控制，环境质量得以改善，生态环境安全得到有效保障，建设资源节约型、环境友好型社会，合理利用环境与资源，防治环境污染和生态破坏，提高生态文明建设水平，在我国现有环境监管体制内，必须组织各方面力量，运用各种有效手段去实现环境监管的任务。其中以强制性为突出特征的环境警察制度同样至关重要，为我国环境监管所不可或缺。

根据《环境保护法》② 第 10 条之规定，政府环境保护主管部门对环境保护工作实施统一监督管理，政府有关部门和军队环境保护部门依法对资源保护和污染防治等环境保护工作实施监督管理。这一提法意味着我国将延续"统管与分管相结合"的环境监管体制。政府各级环境行政主管部门作为环境保护监督管理中的"主角"任重道远，责无旁贷。而作为政府有关部门和军队环境保护部门则应在各自的职责、权限范围内发挥应有作用。在"政府有关部门"中，公安机关则是依照相关法律的规定对资源保护和污染防治等环境保护工作实施监督管理的部门之一。它借助于警察权来实现公安机关在环境保护上的责任履行。

之所以说警察执法不可或缺，有两个理由：一是指在监管体系中不可或缺。学者们普遍认为当下应对我国严峻的环境形势，必须综合运用经济的、政策的、行政的、法律的等诸多手段，同时要发扬环境民主，鼓励公众积极参与到保护环境中来。环境警察制度即是法律手段的重要体现之一。同时也是实行最严格环境保护制度的具体表现之一。尽管当今有不少学者认为政府对环境监管应大量采用建立在自愿和多元合作基础上的环保措施，鼓励公众参与，并发挥社会支撑和制衡的作用，③ 但笔者认为，如果没有政府的强制力量作为后盾和保障，即将强制力量作为环境保护的最

---

① 《国家环境保护"十二五"规划》，国发〔2011〕42 号。2011 年 12 月 15 日印发。
② 第十二届全国人民代表大会常务委员会第八次会议于 2014 年 4 月 24 日修订通过。2015 年 1 月 1 日施行。
③ 李挚萍：《环境法的新发展——管制与民主之互动》，人民法院出版社 2006 年版，第 13—16 页。

后一道防线，对环境违法与犯罪行为实施有效制裁，仅仅靠鼓励自愿与多元合作，以及经济刺激手段，环境监管的目标是难以达到的。对于一国环境监管体系而言，也是不完整的。二是警察强制手段在具体执法中的不可或缺。通过创设环境警察制度，必要时运用警察权中的行政与刑事强制措施手段，例如当遇有环境执法中紧急情况时，为排除障碍或者防范环境危害的发生和扩大，依法行使的特殊权力。包括：紧急征调使用权、紧急排险权、紧急管制权等。再如对不履行环境保护法律规定义务的环境违法当事人，以及对某些涉嫌环境犯罪的嫌疑人采取强制手段，迫使其履行义务或实现法定强制目的的权力。包括：强制传唤、强制履行、查封、扣押、冻结、强制扣留、约束、强制隔离、强制拆除、强制鉴定等；刑事拘传、拘留、取保候审、监视居住、逮捕等。这些强制权力体现为具体执法手段，可以起到其他任何部门都难以替代的作用。①

从实践中来看，我国环境监管中环境警察制度的缺位也的确给我国环境执法带来了不小的麻烦。社会上许多有识之士在若干年前就积极主张呼吁在我国建立环境警察队伍以解决环境执法中长期存在的"软骨症"。②故此，笔者认为，不应盲目夸大环境警察制度的作用，把它当作解决环境问题的灵丹妙药。同时也要认识到，在我国环境监管中应有环境警察制度的一席之地。公安机关要借助这一制度，在整个国家环境监管体系中当好"配角"。

## 二 环境警察制度在环境司法中的定位

环境司法，是司法的一种特殊形态，具有司法的一般属性和规律，但也具有明显的特殊性。风险社会之中严峻的环境污染与破坏，要求环境司法活动应对生态环境领域中诸多带有特殊性与复杂性的情况，甚至包括大量涉及环境科学的问题，有针对地打击环境犯罪或解决环境民事、行政纠纷。环境司法越来越为人们所关注，无论理论界还是实务部门近年来都给予了充分重视，并提出了"环境司法专门化"的观点。我国著名环境法

---

① 尽管 2015 年 1 月 1 日起实施的"史上最严"环保法，对政府环境保护主管部门规定了可以采取按日计罚、查封扣押、限制生产、停产整治等强制性措施，公安机关所特有的强制手段也不可缺少。

② 陈丽平：《全国人大代表赵林中提出建议——中国应当设立环保警察》，《广东建设报》2009 年 3 月 10 日第 7 版。

专家王树义教授对环境司法专门化给出的定义"是指国家或地方设置专门的审判机关，或者现有的人民法院在其内部设置专门的审判机构或组织对环境案件进行专项审理"①。从这一定义中可以看出，环境司法专门化主要是指环境案件审理的专门化。在这一概念基础上，笔者认为，环境犯罪的立案侦查亦应纳入环境司法专门化的范畴。这是因为，作为环境刑事案件的审判一般要经过从立案侦查、提起公诉，再到法庭审理与判决。对涉嫌环境犯罪的立案侦查是公诉与审判的基础，也是整个司法程序的开端与源头。环境犯罪的侦查是环境刑事司法程序启动的第一步，处于最"上游"。建立我国环境警察制度，既有利于实现环境行政执法与刑事司法的无缝对接，也能确保环境与资源刑事案件审判的效果。五年来，各级人民法院受理各类环境资源刑事一审案件 113379 件，审结 108446 件。② 这一成果包含了公安机关环境刑事执法的成效。

由于环境案件的特殊复杂性，对案件的侦查也提出了特殊要求。也即要求侦查人员必须具备必要的专业或专门性知识，甚至案件的调查、取证也都区别于一般刑事案件，如在证据鉴定上往往具有较大难度等。而这些又是我国公安机关内部的现有制度、机构设置、装备以及普通刑事警察的知识储备所难以满足的。如此，伴随环境司法审判的专门化，环境犯罪侦查的专门化，也必须进入人们视线，成为环境司法改革与创新的组成部分。而我国环境警察制度的创设，其中重要内容之一就是环境犯罪侦查的专门化。环境警察制度的作用发挥重点在于打击环境犯罪行为。

由此可见，环境警察制度与环境司法有着密切的关联。环境警察制度中的主要内容，即环境犯罪侦查，构成了环境司法中独特的不可缺少的部分。

## 三 环境警察制度在执法功能上的定位

在日常用语中，"功能"常常是"作用"的同义词。但"作用"有积极和消极之分，它是根据作用所产生的结果来判断的。"功能"则指事物或方法内含的、可能实现的有效作用。警察权的环境保护功能是指警察权对

---

① 王树义：《我国环境司法专门化之必要性及可行性分析》，首届环境司法论坛会议论文，昆明，2009 年 9 月，第 16 页。

② 曾珂：《最高法：五年来各级法院受理环境资源案件逾百万》，http://www.rmzxb.com.cn/c/2019-07-30/2398375.shtml。

于环境保护的作用。警察权的功能是它自身所内含的。警察权的环境保护功能在未与生态环境发生关系时处于潜在状态。潜在状态的功能是否能变为现实还受生态环境的状态及相关条件的影响。警察权的环境保护功能是在"期望"的、"潜在"的和"现实"的三个不同的功能存在形态上开展的。"期望"的功能存在于人的意识和愿望之中。也即人们意识到并希望警察权在生态环境领域中发挥保护的作用;"潜在"的功能存在于警察权的实际结构之中。即警察权的构成要素中具有生态环境保护中迫切需要的条件;"现实"的功能则存在于警察权在环境保护领域的实践之中。

环境警察制度的功能如何定位,决定着环境警察在职责权限上、执法体制上、执法方式和程序上如何进行设计并切实发挥作用。因此,环境警察制度在功能上的定位就显得十分重要。结合环境治理的现实需求,以及警察权的特质,笔者认为,环境警察制度应体现如下功能:

(1)协调和指引功能。作为国家环境治理的一种重要而有力的手段,环境警察制度对于环境秩序的维护是至关重要的。它以制度的形式给人们特定的信息空间,有利于人们形成对自己行为的稳定预期,通过运用环境警察制度打击环境违法犯罪,向对社会公众进行环保宣传教育,从而引导个人和组织行为。

(2)界定警察权在环境治理中的边界和行为空间。由于警察权具有突出的强制性,必须通过制度的指向提供权力行使的约束,从而降低执法中的不确定性和不可预见性。在环境警察制度下,警察权的行使必须囿于规定的环境警察职责及权限范围,止于维护国家生态环境安全与环境秩序。

(3)协助功能。借助于警察权特有的执行力及应急手段,实现对政府环境保护主管部门执法的协助。这一功能恰为环境保护主管部门所急需,以保障执法刚性。

(4)制裁环境违法,打击环境犯罪功能。运用警察权依法直接或通过移送实施行政处罚,对破坏环境资源保护的犯罪行为实施侦查,实现环境刑事司法专门化的源头启动。[①] 这一功能是环境警察制度建立的主要价

---

① 2013年,公安部部署各地公安机关依法严厉打击环境污染犯罪活动。截至同年7月,已侦破环境污染刑事案件112起。其中包括了云南昆明"牛奶河"污染案、河北廊坊部分电镀厂非法排放电镀废液污染环境案、湖南株洲佳旺化工公司非法倾倒化工废液污染环境案、山东邹平乾利公司非法处置工业渣土污染环境案四起环境污染重大案件。详见《公安部公布四起环境污染重大案件》,http://www.mps.gov.cn/n16/n1237/n1342/n803715/3840219.html。

值所在。

（5）伦理教化功能。环境警察制度中所预设和体现的环境伦理与价值观念，直接影响着社会的整体伦理状况或精神文明发展的方向及其可能性空间，对人们树立环境保护意识、形成良好的行为习惯具有重要意义。

若想使环保警察成为我国环境生态治理中的一支生力军，而不是昙花一现，就必须通过立法明确其应有的合理地位，多一些规矩，扮演好自己的角色，少一些"任性"，方能得到社会各界的认可与肯定，在铁腕治污中发挥重要作用。

## 第二节 我国环境警察制度的设计思路与宗旨

在环境警察制度的创设上，首先应通过立法明确、统一对这支执法力量的称谓。在现实中可见，现有设立于不同层级的公安环境执法的专门队伍，无论具体名称为何，大都被社会，以至公安系统内部称为"环保警察"。我们认为，这支队伍应统一称为"环境警察"。理由有两个方面：一是这支队伍的建立应体现为对生态环境领域的全面综合执法。而"环境警察"之"环境"，根据我国《环境保护法》第2条关于对环境的界定，[①] 明确列举了环境的基本要素。这也就从法律上明确了执法的基本范围；二是称"环境警察"而非"环保警察"，其意义还在于明确这支队伍在国家环境治理中的角色与作用同政府环境保护主管部门的区别。也即在环境保护的视阈中，这一主体的作用侧重于制裁环境违法行为，特别是打击环境犯罪，而非政府环保部门的日常监管及污染治理行为等。因此，采用环境警察的称谓更为恰当，并可避免产生歧义，以明确其基本职能。

### 一 环境警察制度设计的基本思路与考量

作为一种制度的设计，我国环境警察制度所包含的基本要素应包括制度的参与者（包括实施者和相对方）、环境警察权的取得、行使及对权力的监督。环境警察制度的设计需要以环境警察体制、机制，以及对环境警

---

[①] 《环境保护法》第2条规定："本法所称环境，是指影响人类生存和发展的各种天然的和经过人工改造的自然因素的总体，包括大气、水、海洋、土地、矿藏、森林、草原、湿地、野生生物、自然遗迹、人文遗迹、自然保护区、风景名胜区、城市和乡村等。"

察权力的监督为基本架构。此外，还要基于以下几方面考量：

一是我国生态文明建设，绿色发展的大背景。坚持人与自然和谐共生，建设美丽中国，不仅是习近平新时代中国特色社会主义思想和基本方略的重要内容，也是生态文明建设的指导思想和奋斗目标。明确突出生态文明在"五位一体"中的地位，坚持不懈地加以推进，是我们党根据社会主义现代化建设的实践经验与战略构想做出的总体部署，也是新时期"生态治国""文明理政"道路上的战略选择。环境警察制度的设计应紧随社会主义生态文明观的引领，发挥法治在生态文明建设中的应有作用。因此，环境警察制度的设计需要站在国家战略的高度加以看待。

二是要着眼于有利于维护国家生态生态环境安全的整体利益，跳出部门利益的藩篱，避免以部门的眼光，局限于部门化的思考进行制度设计。基于国家战略思维，维护国家生态安全不是单凭哪一个政府部门的力量就可以做到的，它是一项系统的工程。系统的工程就需要有系统化的思维，从维护国家生态环境安全与秩序出发，对执法体制、执法机制进行合情（合乎国情）、合理、科学的设置，从而有利于环境警察制度的运行，达到应有的效果。

三是关注新时代社会发展中生态监管体制改革的要求。党的十九大报告指出，要改革生态环境监管体制。加强对生态文明建设的总体设计和组织领导，完善生态环境管理制度，坚决制止和惩处破坏生态环境行为。环境警察制度应适应国家生态文明体制改革的大趋势，把好改革的脉搏，融入改革的巨大工程。

四是应置于最严格环境保护制度之下加以设计。习近平同志在关于保护生态环境的重要论述中强调："保护生态环境必须依靠制度、依靠法治。只有实行最严格的制度、最严密的法治，才能为生态文明建设提供可靠保障。"[1] 环境警察制度应当成为我国生态文明建设的压舱石。通过环境警察制度的实施，制裁、打击破坏环境资源的违法、犯罪行为。唐代大诗人白居易说："天生物有时，地生财有限，而人之欲无极。以有时有限奉无极之欲，而法制不生期间，则必物殄而财乏用矣。"[2] 白居易的这句话说明古人很早就已认识到人的需求的无限性与资源有限性的矛盾。注意到如

---

[1] 《习近平同志在十八届中央政治局第六次集体学习时的讲话》（2013年5月24日）。
[2] 见（唐）白居易《策林二》。

果不尊重自然，不注意节制，没有法制规矩，就会使资源遭遇浩劫。当今社会，环境警察制度的建立就是在我国社会走向人与自然和谐共生的道路上，在维护国家生态环境安全与秩序方面，对破坏环境与资源的违法与犯罪行为，真正做到"警之在前，察之在后"，使环境违法与犯罪得到有效遏制。

如何选择和设计中国的环境警察制度？我们认为应在指导思想与基本原则上达成基本共识。

在指导思想上，应坚持从国情出发，勇于创新，注重实效。这一思想实质上包含三重意义：

一是在环境警察制度的选择与设计上必须立足中国国情。从当前实践来看，生态环境恶化的趋势虽已得到初步遏制，部分地区的生态环境有所改善，但总的形势依然相当严峻，不容乐观。国民的环境保护意识还较为薄弱。历史上我国曾是一个计划经济体制国家，经过40多年的改革开放与社会转型，社会主义市场经济已经初步建立，但是影响中国经济和社会发展的体制性、机制性的桎梏依然存在。改革的任务还相当繁重。在此情况下，环境警察制度的选择与设计应契合我国的政治体制和基本国情，不能盲目照搬国外做法，既要体现一定前瞻性，适应我国生态文明建设的发展需要，又要脚踏实地，切实可行。

二是在制度选择与设计上应体现创新社会管理的要求。创新社会管理是一种社会管理的创造性活动，在当前的社会条件下必然存在不同思想、意见和利益诉求的相互交流与撞击，必须依赖于开放性、自由交流、容忍不同观点的环境，更依赖于相关各方提出合理化建议并共同参与。环境警察制度的建立就是要体现上述要求，在生态文明建设中明确基本定位，建构以保卫生态环境安全为主旨，同时充分尊重其他共治主体，保障社会组织和个人环境权的新机制。发挥警察权在环境保护应急管理体系建设中的特殊作用，提高应对环境风险的能力。通过环境警察制度的建立，环境警察要承担起生态环境安全保卫的职责，同时还要善于在执法过程中，借助执法公信力赢得社会的广泛支持并调动社会各界的积极性，使其积极参与到保护环境这一重大民生工程之中。

三是在制度选择与设计上切实注重实际效果。所谓注重实际效果，也就是说这一机制要有独特的作用发挥。环境警察制度要在治理破坏环境的违法行为，特别是在打击环境犯罪方面发挥专门作用。

在对环境警察制度进行具体选择和设计时,应当把握两个原则:一是遵守权力行使界限的原则。环境警察权的行使要在应当和必要的范围内行使。这既包括了强调警察权以维护公共秩序为限,也包括了警察权的行使不能取代生态环境部门的执法权(以环境监察权为代表)。二是尊重与保障人权原则。在环境保护领域中,警察权的行使不得损害法律保障的公民的基本权利,而陷入"极端环保主义"的误区。

## 二 我国环境警察制度创设的宗旨

环境警察制度的宗旨是指环境警察存在的目的。换言之,也可以称为环境警察制度的使命。我们认为,我国环境警察制度是为了保卫国家生态环境安全、维护环境秩序,预防、制止和惩治破坏环境与资源保护的违法犯罪活动,依法维护公民环境权益,保障我国生态文明社会建设的顺利进行。

环境警察制度的宗旨具体包含了以下意义:

(1) 保卫国家生态环境安全与维护环境秩序体现了人民警察的根本任务。生态环境安全是一种社会的基本需求,环境是当今政府必须提供的最基本的公共产品之一。[1] 它是除政府以外的其他任何主体、社会团体或市场都无法提供和满足的。同时它还体现为一种公共利益。在一定的环境秩序下,社会成员平等而互不排斥地享有生态环境。保卫国家生态环境安全与维护环境秩序在当前乃至今后都是维护国家安全不可或缺的重要组成部分,而维护环境秩序与维护社会治安秩序也有着密不可分的关联。保卫生态环境安全、维护环境秩序是我国人民警察任务在新时期的拓展。

(2) 预防、制止和惩治破坏环境与资源保护的违法犯罪活动,是人民警察预防、制止和惩治违法犯罪活动这一基本任务在环境保护领域的具体体现。无论在以《治安管理处罚法》为代表的行政执法依据中,抑或我国《刑法》之中都有着相关具体的执法依据。人民警察预防、制止和惩治环境违法,特别是惩治破坏环境与资源保护的犯罪责无旁贷。

(3) 维护公民环境权益。这是保护公民的合法权益在生态环境安全领域的具体体现。当今社会,公民的合法权益的内涵随着人民群众日益增

---

[1] 世界银行在其《1997年世界发展报告》中所列举的以政府基础性任务体现的,应提供的五项最基本的公共产品中,保护环境即是其中之一。

长的美好生活的需要亦在不断丰富，其中享有的在不被污染和破坏的环境中生存及利用环境资源的权利愈加为人们所关注与重视。切实保护公民的环境权既是维护公民合法权益的需要，也是达到生态环境安全与公共安全的需要。

（4）建设生态文明，其实质是要建设以资源环境承载力为基础、以自然规律为准则、以可持续发展为目标的资源节约型、环境友好型社会。"从激励与约束机制看，必须建立完善的生态制度。把环境公平正义的要求体现到经济社会决策和管理中，加大制度创新力度，建立健全法律、政策和体制机制。"[①] 而环境警察制度则是在这一体制机制中最严格环境保护制度的重要体现。它是建设生态文明的重要手段与路径之一。

## 第三节 我国环境警察制度的基本原则

作为贯穿于环境警察权行使过程中的行为的准则，环境警察制度的基本原则为环境警察履行职责明确了指导思想，廓清了权力行使的界限，也体现了这一制度的自身特质。笔者认为，在我国环境警察制度的创设中应明确以下原则：

### 一 保卫生态环境安全原则

环境警察权行使的直接目的在于维护生态环境安全。保卫生态环境安全贯穿于环境警察权行使的始终，它是通过对环境秩序的维护而实现的。在一定意义上说，生态环境安全就是环境秩序与时间维度的结合。而环境秩序就是人们用于描述、调整、稳定人与自然之间关系的最基本也是最重要的社会形式，它是规范人们在环境利用和保护中的社会关系，调适其行为的规则和机制，是人类社会的基本内容。环境秩序摆脱人们在环境利用中偶然性、任意性的形式，而建立起有条不紊的环境状态。据此笔者认为，环境秩序实为社会公共秩序的组成部分，是在环境保护领域中的公共秩序。在理解这一原则上，必须明确"生态环境安全保卫"与通常所谓之"环境保护"的区别。首先，在主体上，前者是指警察机关。而后者主要是指政府生态环境保护主管部门。随着全社会环境民主意识的增强，

---

[①] 周生贤：《中国特色生态文明建设的理论创新和实践》，《求是》2012年第10期。

公民及社会组织（包括 NGO）的积极参与，生态环境保护的主体呈现出多元化趋势；在行为方式手段上，前者主要体现为运用法律制裁手段对环境违法与犯罪的惩治，而后者则侧重于运用环境科学技术手段及行政管理手段达到对环境污染的治理及环境问题的解决；在结果上，前者主要体现为使环境违法与犯罪者受到法律制裁，使受到破坏的环境秩序得以恢复，后者主要体现为对良好生态环境的维护与对环境污染的有效预防和治理。明确了两者的区别，也就明确了环境警察的主要职责。

## 二 依法行使环境警察权的原则

依法行使环境警察权原则，是指环境警察权的行使必须严格依照法律规定实施。环境警察权的行使不仅要有实体性依据，也要按照法定程序进行，并接受法律监督。对于违法失职行为还须承担法律责任。警察权对于环境领域的介入就是从公共安全的视角体现对环境秩序的维护，且以此作为行使警察权的边界。故在实践中遵循这一原则应把握两个方面：一是应明确环境警察权行使的界限。也即环境警察权的行使止于维护环境秩序。环境警察权的使命在于协助维持环境秩序，除此之外，在环境领域警察权不得随意介入。只有在环境秩序遭受破坏的情况下，环境警察才有依法动用警察权的必要。环境警察权的行使在目的上必须具有正当性，在客观上必须具有必要性。要以制度防止警察在环境保护领域的无序扩权、扩编。在此必须明确指出，环境警察行使警察权与环境行政主管部门行使权力都体现了的公权力的环境保护，然而却是各有侧重的。前者行使权力的重点是打击制裁环境违法与犯罪行为，而后者行使权力的重点则在于监控和治理环境污染。二是应当以合理科学的标准正确区分公共领域与私人领域。警察权是典型的公权力，而公权力的行使必须着眼于公共利益。环境警察权从属于警察权，它的行使同样应着眼于保护环境公益。环境公益是环境秩序的利益体现，体现了大多数人的环境权利。

## 三 禁止过度原则

禁止过度原则是指环境警察权的行使除了有法律依据这一前提外，执法主体还必须选择对相对人侵害最小的方式来进行。由于警察权所特有的强制力，这一原则的确立在环境保护领域中就显得尤为重要。所谓禁止过度，具有实体和程序两方面的意义。从实体上说，它是指环境警察权的行使不可给予相对人超过维护环境秩序目的之价值的侵害，否则即是过度。这主要是从价值取向上来规范环境警察权与相对人之间的合理关系。在实践中反对极端环保主义。从程序上讲，这一原则是指环境警察所采取的措施方法与要达到的目的之间必须具有合理的对应关系。为此，这一原则在实际操作中须把握两个基本界限：一是在涉嫌环境违法及犯罪行为的认定上应严格把握标准；二是在执法方式上应注重法律效果与实际效果的统一。

### 四 环境突发危害应急原则

这一原则是基于行政应急状态理论，要求环境警察遵循一定的机制，运用相应的应急性权力对涉及环境的突发事件进行管控。在这一表述中包含了三个基本要素：应急性主体、应急性权力和应急机制。在环境突发事故中，环境警察应当成为应急性主体之一。突发事件发生后，应急主体精干和具备快速反应能力显得特别重要。世界各国都十分重视具体实施应急活动的人员的精干与高效，建有灾害应急特别小组或快速反应部队。如法国就有"国家宪兵突击队"，俄罗斯有"阿尔法特种部队"，意大利则有"特别行动勤务小组"，等等。在我国，《110 接处警工作规则》[①] 第 9 条规定："公安机关应当根据当地实际情况，合理布置警力，确保案（事）件发生时，处警民警能够及时赶到现场。"第 11 条规定："对危及公共安全、人身或者财产安全迫切需要处置的紧急报警、求助……处警民警接到110 报警服务台处警指令后，应当迅速前往现场开展处置工作……"作为应急性权力，环境警察依法享有包括政府环境行政主管部门在内的其他行政机关通常所不具有的紧急情况下的权力。例如，通过行使警察权中的紧急征调使用权、紧急排险权、紧急管制权等在环境突发事件中实施救助、限制和保护性措施。而在应急机制方面，发生环境突发事件后，政府应启动紧急预案，同时政府部门之间的协调机制开始发挥作用。这包括上级行政机关通过发布行政命令的方式来实现下级行政机关之间的合作和协调。此外，横向部门之间通过信息沟通、公务协助等方式来实现合作与协调。环境警察在这一机制中扮演着无以替代的角色。坚持这一原则对于应对环境突发事件，及时化解环境风险，具有十分重要的意义。

---

① 2003 年 4 月 30 日公安部制定印发。

# 第七章　现代环境警察制度本土化之体制构建

按照《辞海》解释，体制是指国家机关、企业事业单位在机构设置、领导隶属关系和管理权限划分等方面的体系、制度、方法、形式等的总称。① 环境警察体制主要是指环境警察的机构设置、领导隶属关系、管理权限等方面制度的总称。

## 第一节　我国环境警察的设置模式

在环境警察制度中如何设计组织架构、执法主体的属性与隶属关系如何？这是一个存在不同见解的问题。在我国目前的环境保护监管体制中，虽然依照法律规定政府保护主管部门居于主导地位，但由于生态系统管理职能分布于其他不同的政府部门，例如国土资源、林业、农业、渔业、海洋等部门都在各自资源管理权限范围内实施环境保护监管，② 且它们仅能对属于自己管辖范围内的破坏生态环境保护的行政案件进行查处，而对于可能构成刑事犯罪的行为并不拥有刑事侦查权，只能移送公安机关。即使林业部门下属的森林公安机关，也只能对破坏森林和野生动物保护的刑事案件进行侦查。事实上是各自为政，难以形成合力。针对上述情况，我国环境警察的执法体制如何设计是一个值得深入探究的问题。笔者认为采取哪一种模式应本着从国情出发，勇于创新，注重实效的原则。结合国外实践，我国环境警察的设置理论上可以有以下模式：

---

① 参见《辞海》（第六版），上海辞书出版社2010年8月第1版，第3869页。
② 2018年12月，中央办公厅、国务院办公厅印发《关于深化生态环境保护综合行政执法改革的指导意见》，对综合行政执法改革做出全面规划和系统部署。生态环境保护综合执法队伍依法统一行使相关污染防治和生态保护执法职责，相关行业管理部门依法履行生态环境保护"一岗双责"。力求通过改革部署落地见效，推动职责和能力配置更为合理，执法和监督体系更为规范，体制和机制保障更为健全，提高生态环境执法队伍的规范化、制度化、现代化水平。

## 一 生态环境部门主导模式

这种设置模式是指将环境警察队伍建置于生态环境部门内。其优势则在于这种"绿色执法"所涉及的业务是生态环境部门最为擅长的。主张这种模式的人主要是借鉴了海关系统中缉私警察的设置。[①] 正如以往海关在查处走私案件中,存在着"多头缉私"等体制方面的问题一样,生态环境部门也存在着生态环境保护上"多头监管"的体制问题。生态环境部门作为生态环境保护主管部门的权限及手段不足,造成查办环境违法犯罪案件过程中贻误战机,犯罪分子没有受到法律应有的制裁。在这种模式下环境警察既是生态环境部门的一支专职打击环境违法犯罪的队伍,又是公安部门的一个警种。国家赋予环境警察侦查、拘留、逮捕和预审职责,并按照生态环境部门对生态环境保护工作的统一部署和指挥开展工作,执行任务,从环保监管体制和执法权力上解决原来存在的执法手段不足和刑事处罚软弱无力的状况。然而在当前我国全面公安改革不断深入的今天,为了确保警察权的统一、高效、权威,除非有特殊情况,否则难以重新回到部门办公安的老路上去。

## 二 公安机关主导模式

这种模式是指在公安系统内建立环境警察专门队伍,使之成为一独立警种。其优势在于其本身具有足够的能力去承担作为执法机构的全部功能,在进行刑事调查、证据收集甚至协助法庭诉讼的方面具备完全的技能。同时由一个政府强力部门来整合各方面的资源和力量,成立一个专司打击、侦办环境犯罪的专门机构,以保护国家生态系统,避免在环境执法上人为割裂,各自为战。在我国的具体情况下,笔者以为由公安机关来进行这一整合无疑是最佳选择。这主要是因为公安机关属于一个社会公共安全的管理部门,与涉及生态环境要素管理职能的其他部门,如农业、林业、国土资源等部门没有直接关联,在很大程度上可以保证执法的超脱和公正性,避免部门间利益关系对于执法公正性的不利影响。目前此种模式

---

① 为严厉打击走私违法犯罪活动,中共中央、国务院决定成立国家缉私警察队伍,1999年1月5日,在正式成立海关总署走私犯罪侦查局的同时,正式组建了专司打击走私犯罪的执法队伍——海关缉私警察队伍。缉私警察由海关总署和公安部双重领导,以海关领导为主。

在地方实践中已有不少探索。比较具有代表性的如 2008 年云南昆明市公安局成立的环境保护分局、2013 年成立的河北省公安厅环境安全保卫总队等。并在打击环境违法，特别是环境犯罪方面取得了显著的成绩。但同时也存在一定需要解决的问题，如办案中的科学取证与鉴定是这种模式的短板。

### 三 联动协作模式

入驻式联合执法以及通过制定生态环境部门与公安机关联合执法的规范文件体现联合执法，体现了生态环境部门与公安机关的执法联动。山东省青岛市的生态环境部门在实践中探索出了一套组合优势、解决难题的联合执法新模式，将交警部门请进环保局联合办公，并取得了明显的执法效果。过去，由于执法权限的划分，生态环境部门仅能在机动车停放地进行排气污染监督抽测，而对于上路冒黑烟车辆，则由交通部门予以处罚。缺乏上路检查权，使生态环境部门更多地依靠与交警部门的联合执法来实施监管。如何打破这一执法局限？山东省青岛市环保局市南分局迎来了首位进驻环保局办公、专职负责尾气污染防治联合执法的交通警察。[①] 又如 2012 年 4 月，浙江省环厅、公安厅联合下发文件，要求尽快建立环保、公安部门环境执法联动协作机制，并成立公安机关驻生态环境部门工作联络室。[②] 这种采用"入驻式"的联合执法模式，一方面使工作方式更加灵活多变，同时也提高了工作效率，加大了执法检查的力度，提升了污染防治工作执法效率，取得了良好的效果。这种模式是充分认识到了公安机关，特别是生态环境部门在环境保护上自身的弱点，[③] 而试图在两者间形成取长补短的效果。需要注意的是，此种模式实际上是由公安部门在有关环境与资源保护等部门派驻公安机构，以协助其行政执法，并负责刑事案

---

[①] 葛晶晶、林先锋：《环保局里来了交通警察——青岛市开创尾气污染防治"入驻式"联合执法新模式》，《中国环境报》2011 年 9 月 27 日第 3 版。

[②] 例如，绍兴市公安局成立了环境执法大队，作为市公安局派驻市环保局的环境执法机构，并派出 2 名民警、3 名协警驻市环保局开展环境执法工作。绍兴县则设立了环保警务室。县政府专门拨出 30 万元的保障经费。环保警务室配备 1 辆警务车，有 3 名民警常驻。http://www.pasy.gov.cn/news.aspx?id=4828。

[③] 即生态环境部门作为政府环境保护主管部门的权限及手段不足，执法缺乏刚性，往往造成查办环境违法犯罪案件过程中贻误战机，犯罪分子得不到法律应有的制裁。而公安机关往往被认为缺乏处理环境违法犯罪的技能，缺少相应的专业知识。且由于其需要面对涉及公共安全的各种犯罪，对处理环境犯罪难以做到全心全意。

件的侦查。事实上这种模式在国外也并不鲜见。例如在日本，从1997年开始，为协助环境行政机关应对违反废弃物法的严峻情况，日本警察本部遂派出警官参与协助执法。1999年，警察厅又推出《环境犯罪对策推行计划》，进一步强调了与环境行政部门的协同执法。经过短期培训了解掌握废弃物处理法的有关知识的环境警察与环境行政执法人员并肩作战，增强了环境执法人员的信心，也有力地震慑了不法分子，这一做法短期内就收到了明显效果。但这种做法在实践中能否体现为一种长效机制是值得探讨的。

## 四 由森林公安整建制转为生态环境警察

这种模式即以森林公安机关为基础，拓展森林公安的执法职能，使其全面覆盖生态环境保护执法。我国森林公安的当前体制是经国务院批准，于1984年5月在当时林业部设公安局，列入公安部序列，接受林业部、公安部的双重领导所而形成的。各级林业公安机关均列入公安序列，实行"条块结合、以块为主"的管理体制。林业公安（或称森林公安）作为林业部门的职能机构、公安机关的派出机构，以林业部门管理为主，接受公安部门的业务性指导。当时的人员编制都是在林业部行政编制内调剂解决。这种双重管理体制是计划经济时代的产物，是同当时的政治、经济体制相适应的。但从机构、编制和人员专业知识结构等方面的优势来看，以森林公安为基础，建立我国的生态环保警察，无疑是一种可以认真看待的选择。我国森林公安机关已发展成为有近7万名森林警察，组建的森林公安机构有6769个，其中县级机构1590个（森林公安局174个、森林公安分局1044个、森林公安科股372个）。从县级机构看，覆盖了全国行政区域县、市、区、旗的70%，如果以森林公安局、分局为主组建综合执法机构，可以保证基本覆盖所有林区县级区域，在执法机构的覆盖面上占有明显优势。[①] 至今已历经30多年的发展，其在执法基础条件、执法经验与手段、执法人员的素质方面都打下了较好的基础。

有学者建议，以森林警察拓展职能而形成的生态环境保护警察适用半垂直领导体制。通过在财政、人事等方面的相对独立，避免某些地方政府的不当干预。鉴于此，建议生态环保警察省级以上（含省级）实行"条

---

[①] 曹真：《应当进一步强化森林公安机关的职能作用》，《森林公安》2005年第5期。

块结合，以块为主"的领导体制，省级以下实行"条块结合，以条为主"的半垂直领导体制。即在省级以下生态环保警察部门建立一种相对的垂直管理制度。这种垂直管理制度，一方面坚持党和国家的统一领导，坚持公安部领导和管理一体化的原则，赋予相应的政府协管、监督和制约的权力；另一方面，赋予生态环保警察部门对人、财、物的自主管理权，确保做到秉公执法、执法如山。此外，将生态保护警察隶属于公安部领导，实现资源共享和警务保障。在司法体制改革的大背景下，建议将森林公安从林业主管部门分离出去，隶属于公安部领导。公安部设立生态环境警察局，省（直辖市、自治区）级设立生态环保警察总队，地市级设立生态环保警察支队，县区级设立生态环保警察大队，县区级以下根据情况设立生态环保警察中队。毋庸讳言，森林公安归林业主管部门领导，往往无法共享地方公安机关的许多资源，取得地方公安机关的有效合作。如对案件侦查极为重要的人口管理信息、交通管理信息、网上追逃信息等。而森林公安自己另起炉灶单独建立一个体系又力不从心，也无必要。成立生态环保警察后，融入"大公安"格局，可以做到资源整合和资源的充分利用。同时，可以减少其他部门的行政干预和地方保护主义，最大限度地避免政府职能交叉、多头管理、政出多门，从而降低行政成本，提高环境执法效率。

环境警察从事环境和资源保护的行政监督管理职责，既包括对现阶段我国已经制定自然资源保护法的自然资源的保护职责，还包括对尚未制定资源保护法的自然界中可以被人类利用的物质和能量的保护职责，包括土地资源保护执法职责、水资源保护执法职责、森林资源保护执法职责、草原资源保护执法职责、渔业资源保护执法职责、矿产资源保护执法职责、野生动植物资源保护执法职责、特殊区域环境保护执法职责、自然保护区保护执法职责、风景名胜区和文化遗址地保护执法职责，等等。

环境警察的刑事司法职责是指环境警察在环境污染防治和自然资源保护过程中对环境犯罪行为的打击，主要是指在环境犯罪的侦查环节中所承担的法定职责。我国《刑法》第六章第六节所规定的破坏环境资源保护罪中所规定的犯罪就是现阶段生态环保警察所要侦查的刑事犯罪，因此，其职责包括侦查污染环境罪、非法处置进口的固体废物罪、擅自进口固体废物罪、非法捕捞水产品罪、非法猎捕杀害珍贵濒危野生动物罪、非法收购运输出售珍贵濒危野生动物珍贵濒危野生植物制品罪、非法狩猎罪、非法占用农用地罪、非法采矿罪、破坏性采矿罪、非法采伐毁坏国家重点保护植物罪、非法收购运输加工出售国家重点保护植物国家重点保护植物制品罪、盗伐林木罪、滥伐林木罪、非法收购运输盗伐滥伐的林木罪，等等。

从实践中来看，亦有地方森林公安机关由地方公安机关指定办理除涉及森林及野生动物保护方面犯罪的其他环境刑事案件，包括污染环境罪、非法处置进口的固体废物罪、擅自进口固体废物罪、非法捕捞水产品罪、非法占用农用地罪、非法采矿罪、破坏性采矿罪等。[1] 这实际上拓展了森林公安机关的执法疆域，逐渐走向了生态环境警察的道路。有学者认为，在现有警种基础上建立生态环保警察既符合国情又与国际接轨。[2]

从环境警察队伍的建立及隶属关系上看，上述四种模式大都被实践证明各有优势与不足。在我国环境警察制度设计中究竟应当采取哪一种模式？笔者认为，在此问题上仍应秉持从国情出发，勇于创新，注重实效这一指导思想。以上提到的四种模式中，第二种模式和第四种模式具有可行性，有着较为充分的实践基础。两种模式的共同点在于都是以公安机关为主导的模式，都具备在这种模式下的优势。不同的地方则在于第二种模式环境警察队伍的建立是在各级公安机关之中，而第四种模式则是将作为行业警察机关的林业（森林）公安机关整建制转为环境警察，并纳入公安部统一管理。两种模式相比较而言，前者是在公安部系统内完成环境警察的建制，相对容易操作。而后者则涉及部际调整，需要考虑多方面因素。[3]

## 第二节　环境警察的职责与执法手段

在环境警察的设置上，无论选择哪种模式，在设定职责、明确相关执

---

[1] 江西省樟树市公安局于2012年4月26日发出《关于指定市森林公安局办理相关生态环境刑事案件的通知》，明确将七类涉及破坏环境与资源保护的犯罪案件交由樟树市森林公安局办理。

[2] 南京森林警察学院副院长傅冰刚教授2013年6月8日于中国人民公安大学举办的环境法治与公安执法研讨会上发言提出拓展森林公安的执法职能，使之转化成为生态环境警察。

[3] 2019年年初，公安部组建食品药品犯罪侦查局，统一承担打击食品、药品和知识产权、生态环境、森林草原、生物安全等领域犯罪职责。笔者认为，无论从我国生态文明建设长远发展看，抑或从维护生态环境领域安全与秩序，打击破坏环境与资源违法犯罪的现实需要看，单独组建环境警察队伍并整合森林公安是更为恰当的。

法手段时均需处理好环境监管权和警察权的关系。环境监管权是环境行政主管部门以及其他具有生态系统要素管理职能的政府部门，在各自环境与资源管理权限范围内行使的，以生态环境保护为直接目的的，对环境与资源保护进行监督管理的职权的总称。其性质为行政权。而警察权则包含了行政与刑事两方面的权能。警察权涉及环境与资源保护时亦是如此。问题在于，警察权的行政权能与政府部门的环境监管权之间应避免出现权力的交叉重叠甚至矛盾。而在打击破坏环境与资源保护的犯罪上，警察权作用的发挥则是无可替代的。

## 一　环境警察的职责与权限

在环境警察制度的设计上，职责权限体现了这一制度存在的基本价值。针对我国环境与资源保护的现状，借鉴国外环境警察制度规定，结合未来的发展，我们认为，我国环境警察的职责应包括以下方面：

（1）侦办、查处破坏环境与资源保护的违法与犯罪行为。这是环境警察发挥作用的主要方面。涉及各种非法排放污染物的治安行政案件；侦办违法处置排放毒害性、放射性、腐蚀性等危险物质，造成环境污染、生态破坏、人员伤亡及重大财产损失的犯罪案件；查处由生态环境行政主管部门移送的环境违法及涉嫌犯罪的案件。

（2）为环境保护主管机关及其工作人员的正常行使职权提供协助、保障；侦办因环境保护执法引发的阻碍执行职务的犯罪案件。

（3）针对各类涉及破坏环境资源违法犯罪的情报信息进行收集、研判、上报。

（4）组织和协调做好保护环境的公安基层基础工作。结合社区警务，对社会公众进行环保宣传教育，鼓励举报涉嫌环境违法与犯罪的行为。

根据上述职责，环境警察依据人民警察法享有侦查权、行政强制权、行政处罚权等权限。在执法工具上，环境警察除配备警车、枪支、手铐等警用基本装备，还要配备随时对水、气、土壤等进行取样化验的便携式环保检测仪器，赋予其特殊的刑事强制措施和行政强制措施权力，对涉嫌环境犯罪的嫌疑人进行刑事拘留、逮捕、移送审查起诉，对偷排、直排导致环境严重污染或者暴力抗法的人员进行行政拘留。

## 二 环境警察的执法手段

在环境警察制度中明确了环境警察的职责、权限，在实际操作中也就形成了各种具体的具有刑事司法性与行政性的执法手段。它们主要分别体现为：

（一）环境犯罪侦查

环境犯罪作为近年来开始为人们所关注的一种新型犯罪，区别于自古存在的自然犯，是社会经济发展到一定程度，生态环境遭受威胁和破坏时刑法进行干预的一种犯罪。这类犯罪具有行政从属性、当事人的多元性与复杂性、犯罪的潜伏性与隐蔽性、犯罪造成损害的严重性与不可逆性等特征。环境犯罪侦查是环境警察为收集证据、审查证据、揭露犯罪、查缉犯罪嫌疑人而进行专门调查取证的权力。它具体包括了传唤权、讯问犯罪嫌疑人权、询问证人权、勘验检查权、搜查权、扣押书证权、鉴定权、通缉权、技术侦查权。我国《刑事诉讼法》第18条第1款规定："刑事案件的侦查由公安机关进行，法律另有规定的除外。"然而，环境犯罪侦查也表现出不同于一般犯罪侦查的特点：（1）环境犯罪侦查涉及环境科学专门性知识。环境犯罪是以违反相关环境保护法律为前提，并且环境犯罪所触犯的环境保护法律复杂多样，种类繁多，侦查人员必须对这些复杂繁多的环境法律规范熟练掌握，而且还要了解诸如污染物排放标准，排放物所含有毒物体如汞、氰化物、砷等的含量标准或者猎杀的动物是否属于国家或地方珍稀保护动物等，这些涉及环保方面专门性知识。（2）侦查取证鉴定复杂。由于环境犯罪涉及环境科学专门性问题，必须运用专业技术来鉴定犯罪嫌疑人其犯罪行为是否违反环保标准，根据案情需要做许多类别的技术鉴定。此外，基于环境犯罪的特点，取证更为复杂，难度也比一般刑事案件大。（3）需要多部门密切配合。在环境犯罪案件的侦查过程中，大部分案件需要与政府环境保护部门及相关部门配合，实践中，多数情况下，环境犯罪行为往往都是由环保等有关部门首先发现及调查，然后移交公安机关处理的，由于环境警察对环境犯罪案件缺乏权威的专业知识和收集环境犯罪证据的能力，需要有关部门配合进行侦查。

（二）环境警察应急处置

是指环境警察在环境执法中遇有紧急情况时，为排除障碍或者防范环境危害的发生和扩大，依法行使的特殊权力。具体包括：（1）紧急征调使用权；（2）紧急排险权；（3）紧急管制权。如在突发环境灾害或责任事故中，环境警察可以指挥调动人员、车辆、器材等，实施紧急救援指挥。对有关场所、道路限制通行、停留以及对过往人员、车辆实施检查、盘查等行为。这一权力的行使要求相对人必须遵守和服从，不得拒绝或拖延，否则将承担法律责任。它通常表现为说服、要求、责令、劝阻等形式。

（三）环境警察的强制措施

是指环境警察对不履行法律规定义务的当事人，以及在侦办案件中对某些违法犯罪嫌疑人采取强制手段，迫使其履行义务或实现法定强制目的的权力。体现为依法采取强制手段迫使拒不履行法定义务的相对方履行义务或者达到与履行义务相同的状态；或者出于维护环境秩序或保护公民人身权及合法财产的需要，以及为保证案件调查顺利进行，对相对方的人身或财产采取紧急性、即时性强制措施的权力。这一权力充分体现了作为警察权的强制性特点，是环境警察在警务活动中的重要权力。作为警察机关的一项特有权力，强制的内容必须有法律的明确规定。环境警察的强制权具有两种性质，即依据行政法律实施的行政强制权和依据刑事诉讼法实施的刑事强制权。强制权的实施必须严格依照法定程序。环境警察在履行协助政府环境保护部门人员执法，为其正常行使职权提供保障的职责中，以及侦办环境犯罪案件过程中通常会运用到强制手段。

在环境警察制度的设计中应将在环境执法中运用的强制措施予以具体明确。

（四）环境警察的行政处罚

是指环境警察对违反环境法律规范的当事人实施制裁的权力。它是环境警察行政执法中适用的一项重要权力。它的实施是以相对人环境行政违法为前提的，直接影响相对人的权利义务，包括行政拘留、没收违法所得、罚款、警告等涉及人身、财产及名誉的处罚。例如对违反法律规定制造噪声干扰他人正常生活可以处警告或罚款等。再如对制造、销售或者进口超过污染物排放标准的机动车船的责令停止违法行为、没收违法所得、处以罚款、对无法达到规定的污染物排放标准的机动车的没收销毁等。

2014年修订的《环境保护法》第63条规定，企事业单位和其他生产经营者有下列行为之一，即建设项目未依法进行环境影响评价，被责令停止建设，拒不执行的；违反法律规定，未取得排污许可证排放污染物，被责令停止排污,拒不执行的;通过暗管、渗井、渗坑、灌注或者篡改、伪造监测数据,或者不正常运行防治污染设施等逃避监管的方式违法排放污染物的;生产、使用国家明令禁止生产、使用的农药,被责令改正,拒不改正的等行为,尚不构成犯罪的,除依照有关法律法规规定予以处罚外,由县级以上人民政府环境保护主管部门或者其他有关部门将案件移送公安机关,对其直接负责的主管人员和其他直接责任人员,处十日以上十五日以下拘留;情节较轻的,处五日以上十日以下拘留。由于行政拘留的实施涉及相对人的人身权,故公安机关在具体实施上必须严格依法,严格在法定的权限范围内进行处罚,不可随意扩大处罚适用范围。同时必须符合法定的形式,严格程序规范,包括受案、办理及向移送单位反馈等。

环境警察适用的行政处罚具有一定特殊性。依据不同标准具体可以分为:(1)以是否直接依据法律实施处罚为标准,分为直接实施的处罚和接受移送的处罚;(2)以是否针对环境违法实施处罚为标准,分为针对实施环境违法的行政处罚和针对妨碍环境执法的行政处罚。

在环境警察制度设计中应将环境行政处罚的类别、适用情形、裁量基准等有关问题加以明确规定。

## 第三节 环境警察执法装备

环境警察执法必然借助于必要的执法装备才能达到执法的目的。环境警察执法装备是环境警察在执法过程中使用的,以一定实物形式表现的,并能够对相对一方当事人的权利义务产生影响的物质性手段。它对于顺利实现执法目的具有十分重要的意义。

### 一 环境警察执法装备配备原则

配备执法装备是切实履行环境警察职责使命的重要物质保障。环境警察执法装备的配备需要遵循一定的原则:

(1)满足基本需要,适应实战。即要根据环境警察执法办案的需要,结合具体环境案件所涉的环境要素,配备体现执法防护、监测、侦查取证等专业性要求的执法装备,以保证案件办理的顺利进行。

(2)规范装备配备。即要按照统一规定的装备配备标准,包括配备的项目、单位数量、装备参数指标、更新年限等进行配备,以保证公安机关在环境案件执法中对案件的准确科学定性，从而有利于执法能力的提升，保证执法办案质量。为此，公安部在 2016 年专门制定了《公安机关环境安全保卫装备配备标准（试行）》，对环境执法装备进行统一的标准化配备。

（3）量力而行，保障有力。在满足执法办案基本需要，即满足对主要环境案件侦查需要必配装备的前提下，在具有财力和技术支持保障的条件下选配有助于提高执法办案效能的装备。例如现场勘查车、环境监测车以及一些较为精密的仪器设备，同时也包括快检室和侦查实验室的建设。

## 二 环境警察执法装备配备项目

环境警察执法装备配备项目包括：执法执勤装备、指挥通信装备、防护装备、武器警械装备、环境监测装备、侦查技术装备及其他装备七类。在这七类之中防护装备、环境监测装备以及侦查技术装备相较于其他警种具有明显的特殊性要求。

（一）执法执勤装备

具体包括了一般执法执勤用车、侦查取证车、现场勘查车、环境监测车及运警车。其中侦查取证车、现场勘查车及环境监测车需要按照生态环境科学技术要求加以配备。

（二）指挥通信装备

包括手持电台、车载电台、卫星电话及卫星导航定位仪等。

（三）防护装备

包括防护口罩、防腐手套、轻便防化服、防毒面具、空气呼吸器、全封闭重型防化服、现场工作服、防刺背心、防暴头盔、防弹盾牌、防弹背心等。

（四）武器警械装备

包括手枪、单警装备、防暴叉、电警棍、战术照明灯、长警棍、约束带、警戒带、抓捕网等。

（五）环境监测装备

包括水样采集器、多参数水质分析仪、便携式毒害气体检测仪、土壤重金属检测仪、便携式分贝仪、暗管探测仪等。

（六）侦查技术装备

包括现场勘查箱、遥控飞行器、卫星定位追踪器、红外热成像仪、望远镜、照相机、GPS 定位仪、强光搜索灯、激光测距仪等。

(七) 其他装备

包括车载小型个人洗消设备、应急救援包、样品保存柜、人像采集设备等。

### 三 环境警察执法装备配备类型与方式

根据执法的实际需求，环境警察执法装备的配备可以分为必配与选配两种。必配的执法装备是指保证环境案件侦查顺利进行的必要装备。而选配装备则是在保证必配装备配备的前提下，根据相关情况（如环境案件的主要类型）及条件适当配备的执法装备。例如，在交通装备中的一般执法执勤用车、侦查取证车、现场勘查车等属于必配装备。而环境监测车、运警车则可根据情况配备。再如，在防护装备上，防护口罩、防腐手套、轻便防化服、防毒面具、空气呼吸器、全封闭重型防化服等属于必配装备，防暴头盔、防弹盾牌、防弹背心等则为选配装备。

在配备方式上则根据案件办理需要体现为单警配备装备、移动执法装备及固定综合侦查实验室（快速检验室）等。

# 第八章 现代环境警察制度本土化之执法机制构建

生态法治是我国全面依法治国的重要组成部分，同时也是我国生态文明建设的基本保障。生态法治是全面依法治国关于生态环境保护的核心内容，通过对生态法治的探索，使全面依法治国在生态文明建设中得到彰显，并真正发挥出法律制度对生态环境治理的关键作用。建设美丽中国需要依靠全面依法治国引领下的生态法治，包括科学完善的生态立法，严格高效的生态执法以及覆盖广泛的全面守法。环境警察执法则是生态执法中的重要组成部分。环境警察执法机制是否科学合理、运转是否有效，对于环境警察执法，乃至国家生态法治建设都有着重要的影响。

## 第一节 环境警察执法机制概述

### 一 环境警察执法机制与制度、体制的关系

"机制"原指机器的构造和工作的原理，即机器运转过程中各个零部件之间的相互联系，互为因果的联结关系或运转方式。机制理论主要涉及两方面内容：一是对事物的特征进行整体把握，了解该事物由哪些要素、哪些环节组成，各要素、各环节之间的相互关系；二是各要素各环节是如何运行的，它们怎样运行更有利于整个系统目标的实现。在环境警察执法过程中也是如此，环境警察执法对环境法律、法规的执行，是一个动态的过程，所以要了解环境执法系统内各个要素、各个环节及其相互关系，对其运行机制进行考察，洞察环境执法机制的运行，通过发挥环境执法机制能动作用解决环境执法难题。

制度，是指在一定生产力水平基础之上，体现该社会制度下的价值判断和价值取向，由行为主体建立调整主体间相互关系及社会关系的具有正

式形式和强制性的规范体系。体制，是制度具体表现和实施形式，表现为社会方方面面的规范。而机制是对制度系统内各组成部分按照特定方式排列以便发挥一定的功能。三者之间既相互区别，又密不可分。制度位于宏观层面，侧重于规范的整体框架与结构；体制位于中观层面，侧重于某个制度的具体表现形式、形态；机制位于微观层面，侧重于如何的运行、操作。

在环境警察执法过程中必须对其机制进行设计，结合生态环境执法实践，充分利用现有的环境执法资源，发挥其功效，尽可能补齐不足，使得环境警察制度下的机制能更全面、有效、能动地适应当下环境执法的要求，解决环境执法难题，同时还要顺应时代发展而不断自我调节、更新，激活机制系统内的各个要素，使环境警察及其他执法主体在实施国家环境治理中产生更加有利于社会发展的整体效益。

## 二 环境警察执法机制构造

根据上述笔者认为，环境警察执法机制包括了环境警察权运行机制、环境警察执法外部协调机制和对环境警察权的监督机制。

（一）环境警察权运行机制

环境警察权应当严格按照法定的程序行使。这一机制的运行是通过一系列程序制度的内在联系与具体实施实现的。首先，程序性要素是环境警察权有效彰显的前提，环境违法、犯罪行为人将通过程序全面地感知环境警察权于己的实效，是环境警察行为效力的外化，在实体法外补强其正当性。其次，为保证环境警察权顺畅运行，实体法为其预留了一定的裁量空间，程序原则能有效抑制裁量失当等权力恣意行为。《人民警察法》《刑事诉讼法》《行政处罚法》《治安管理处罚法》等法律中相关程序性规定为环境警察权行使提供了依据。但是环境警察权的运行具有一定的特殊性，尤其是具备一定的生态化特征，即环境警察的执法活动应符合生态科学的基本规律。环境违法犯罪案件在调查取证、办案程序、办案时限等方面都与一般的治安、刑事案件存在明显差异。因此，《行政主管部门移送适用行政拘留环境违法案件暂行办法》就环境违法案件的移送批准、案卷移送、移送期限、证据补充、行政拘留决定、案卷退回等行使环境警察行政拘留权的程序做出了专门规定。《环境保护行政执法与刑事司法衔接工作办法》则对案件移送、法律监督、证据的收集与使用、环境行政执法与刑事司法协作、信息共享等行使环境警察刑事侦查权程序做出了专门规定。尤其是在环境行政执法与刑事司法协作方面，有些地方考虑到环境警察权运行的特殊性，建立了环保部门、公安机关的联席会议和联勤联动机制。这是基于：环境行政违法与环境犯罪的界限并非泾渭分明，时常是一种量的渐变的、转化的关系，因而环境行政执法阶段就需要通过会商或联动确保环境警察权适时提前介入，以防止犯罪嫌疑人员逃匿或者证据因人为或自然原因灭失；经公民举报或公安机关主动发现的涉嫌环境犯罪的行为，环境警察无疑会先于环保部门介入案件，但在环境专业方面仍需要环保部门提供监测或者技术支持；环境行政执法中有时会遇到恶意阻挠、恐吓或者暴力抗法的情况，需要借助警察权采取一定强制措施。当前环境警察权运行过程中的生态化因素与现行程序性规定仍然不能完全匹配。如办案期限方面，由于证据的采集和检测认定都需要相当的时间，相对于普通刑事案件取证时间更长，若不做出特殊例外规定，依然按照刑事案件的程序要求就可能超时限，从而导致违法办案。

需要指出的是，由于警察权尤其是刑事侦查权具有明显的人身和财产强制性，涉及公民重大利益，故其提前介入时间、限度与程序，以及与环境行政执法程序的衔接规定不能作为简单的部门间办事程序由规章乃至内部规范性文件来规定，一般而言要遵循法律保留原则。但目前我国环境保护法对此并未予以充分关注，对上述程序问题的规定大量留白，极易导致实践中环境警察权的缺位或越位，为一大缺漏。

环境警察权运行机制是环境警察执法机制的核心，构成了环境警察执法机制的主要部分。从很大意义上讲，环境警察权运行机制的设置是否科学合理，决定着环境警察执法的效能。

（二）环境警察执法外部协调机制

也称联合执法、协同执法机制，它是基于环境违法犯罪的特殊性及复杂性，为及时、有效打击环境违法与犯罪，环境警察与环境保护主管机关及其他相关部门协作执法的工作机制。它是指以生态环境保护为目标在公安机关与环境保护行政执法部门之间建立起目标价值明确、权责清晰、信息沟通顺畅、执法手段齐备的执法机制。这其中还应该包括公安、司法机关之间配套实施的联合机制，同时还要发动公众广泛参与到生态环境保护联合机制中来。

这个执法联动机制应该包括以下特点：有明确的生态环境保护的目

标；有畅通的沟通机制和信息共享机制；有完善的执法配套措施；有明确的执法主体和清晰的权力与责任划分。这一机制的形成也是通过一系列制度的设计与实施加以保障的。

(三) 对环境警察权的监督机制

对环境警察权的监督，即对环境警察执法的监督，执法监督，一般指国家机关、社会团体、政党、公民对公安机关及其环境警察的执法行为是否合法、适当进行监督、审查，以及采取必要的措施予以纠正的总称。而通过设计所形成的一整套制度及其运行，则构成了对环境警察权的监督机制。这其中包括了内部的督察制度，也包括了外部社会监督、司法审判监督，以及党纪监察等。而这一机制的有效发挥作用也有赖于执法公开制度的切实实行，以及信息化建设的发展。

环境警察执法机制体现了系统化的结构。其中环境警察权运行机制是根本，环境警察执法外部协调机制及对环境警察权的监督机制对于环境警察执法机制的有效运转起着补强与保障的作用。只有各机制要素切实发挥应有作用，环境警察权在我国生态法治建设中的作用才能得到充分体现。

## 第二节 环境警察权运行机制

这里所谓环境警察权运行机制是指环境警察权自身内部结构及运行制度。它是环境警察执法机制的核心所在。

### 一 我国环境警察的职责与权限

在环境警察制度的设计上，职责权限则体现了这一制度存在的基本价值。在环境警察执法运行机制上必须首先明确我国环境警察的功能职责。针对我国环境与资源保护的现状，借鉴国外环境警察制度，结合未来的发展，我国环境警察的职责应包括以下方面：侦办、查处破坏环境和资源保护的违法与犯罪行为；为环境保护主管机关及其工作人员的正常行使职权提供协助、保障；侦办因环境保护执法引发的阻碍执行职务的犯罪案件；针对各类涉及破坏环境资源违法犯罪的情报信息进行收集、研判、上报；组织和协调做好保护环境的公安基层基础工作。

环境警察履行职责，就其范围上来看包括了涉及土地资源保护、水资源保护、森林资源保护、草原资源保护、渔业资源保护、矿产资源保护、野生动植物资源保护、特殊区域环境保护、自然保护区保护、风景名胜区和文化遗址地保护，等等。此外，就打击环境犯罪而言，主要是指对环境犯罪的侦查环节中所承担的法定职责。我国《刑法》第六章第六节所规定的破坏环境资源保护罪中所规定的犯罪就是环境警察所要侦查的刑事犯罪。

根据上述职责，环境警察应依据《人民警察法》享有侦查权、行政强制权、行政处罚权等权限。在执法工具上，环境警察除配备警车、枪支、手铐等警用基本装备，还要配备随时对水、气、噪声、光、土壤进行取样化验的便携式环保检测仪器，赋予其特殊的刑事强制措施和行政强制措施权力，对涉嫌环境犯罪的嫌疑人进行刑事拘留、逮捕、移送审查起诉，对偷排、直排导致环境严重污染或者暴力抗法的人员进行行政拘留。

## 二　环境警察执法的主要制度

在我国环境警察制度整体确立的前提下，环境警察的主要制度反映了环境警察制度运作的特殊性。

（一）案件移送制度

通过这一制度进一步明确生态环境部门在查处环境违法行为过程中，依法应给予行政拘留的处罚，或发现涉嫌构成犯罪，依法需要追究刑事责任的，应当依法向环境警察移送。环境警察按照法定程序对所移送的案件材料进行审查，作出行政拘留决定。对涉嫌环境犯罪的，做出决定立案侦查或者不予立案的决定。笔者认为，应以《关于生态环境部门移送涉嫌环境犯罪案件的若干规定》（环发〔2007〕78号）以及《行政主管部门移送适用行政拘留环境违法案件暂行办法》（2014年12月24日，公安部、工业和信息化部、环境保护部、农业部、国家质量监督检验检疫总局公治〔2014〕853号）为基础，在环境警察制度中将案件移送制度化。明确移送案件的种类、适用移送的法定情形、移送案卷的材料与要求、移送及接受移送的法定程序等。

（二）执法衔接制度

即政府生态环境保护主管部门或相关领域具有环境监管职责的部门与公安机关就生态环境保护执法衔接配合的机制。主要就违反治安管理、环境污染犯罪案件移送、联合处置、信息共享、执法保障等开展执法衔接配合，共同维护生态环境安全。

生态环境部门与公安机关应当确定专门的机构与人员负责执法衔接配合工作。生态环境部门的生态执法机构和公安机关中的专门执法机构为具体牵头部门，各自指定联络员推进生态环境保护执法的衔接配合。

生态环境部门在查处环境违法案件过程中，发现违法事实涉嫌违反治安管理或者可能构成环境污染犯罪的，应当依法及时向公安机关移送已经获取的相关证据或者材料。生态环境部门在现场执法过程中及其他情形下发现涉嫌违反治安管理或者环境污染犯罪的线索，应当及时通过电话、传真等便捷方式通知公安机关，公安机关应当按照《110接处警工作规则》的规定立即指令人员前往现场处理。生态环境部门应当依法开展对污染物进行取样、监测，并及时出具监测报告，保存相关证据材料。

公安机关依法查处涉嫌违反治安管理或者环境污染犯罪案件，应当借助生态环境部门的专业知识和技术支持，提高办案质量。公安机关要结合自身职能，通过发动群众举报等方式主动发现环境污染犯罪线索，并依法立案侦查。生态环境部门将涉嫌违反治安管理或者环境污染犯罪的案件（含证据材料）移送公安机关后，公安机关应当主动及时调查收集相关证据。对于需要补充评估、鉴定的专业技术问题，应当依法委托有资质的专业机构进行评估、鉴定。

生态环境部门在查处环境违法案件过程中，对于涉嫌违反治安管理或者环境污染犯罪的案件，应当及时核实相关材料，并提出移送案件的书面报告报本部门负责人决定。收到报告的部门负责人应当自接到报告之日起三个工作日内做出是否移送的决定。决定移送的，相关部门应当在24小时内办理向同级公安机关移送的相关手续；决定不移送的，应当将不予批准的理由记录在案。

公安机关应当在生态环境部门移送的涉嫌违反治安管理或者环境污染犯罪案件移送书的回执上签字并在三日内做出立案或者不予立案的决定。不属于本机关管辖的，应当在24小时内移送给有管辖权的机关，并书面告知移送案件的行政执法机关。

公安机关决定立案的，应当书面告知移送案件的生态环境部门。生态环境部门对公安机关已经立案的环境污染违法、犯罪案件，应当予以配合，支持公安机关开展调查和侦查工作，根据需要提供必要的监测数据和其他证据材料；决定不予立案的，应当书面说明不立案的理由并将案卷材料退回移送案件的生态环境部门。生态环境部门可以在向公安机关移送案件后的十日内向公安机关查询立案情况。生态环境部门对公安机关不予立案的决定有异议的，应当自收到不予立案通知书之日起三日内，提请做出不予立案决定的公安机关复议，也可以建议同级人民检察院依法进行立案监督。生态环境部门对公安机关决定不予立案的案件，应当依法做出处理。

生态环境部门在依法查处环境违法行为过程中，发现违法行为应当予以治安拘留的，应当移送公安机关，不得以其他行政处罚代替治安拘留，涉嫌环境犯罪的，不得以行政处罚代替刑事处罚。

对于在一定区域、时段内高发的环境污染违法、犯罪案件，生态环境部门和公安机关可以共同制订专项整治方案，联合开展专项行动进行整治和打击。对环境污染涉案责任人身份不明、可能逃逸、证据可能灭失，涉嫌违反治安管理或者构成环境污染犯罪的，生态环境部门可以商请公安部门提前介入，予以配合。对环境保护执法部门依法查封、扣押的设施、设备进行隐藏、转移、变卖或者毁损的行为，公安机关应当及时按照《治安管理处罚法》和其他有关法律规定处置。

生态环境部门在执法检查时遇有恶意阻挠、对执法人员进行恐吓或者暴力抗拒执法的，应当及时向公安机关报案，由公安机关对是否构成妨害公务违法行为或犯罪进行立案调查。对涉嫌违反治安管理或者犯罪的行为，公安机关应当及时调查处理，保障生态环境部门行政执法活动的顺利开展。

生态环境部门与公安机关应当建立环境保护执法衔接配合工作例行会议制度，例行会议每两个月召开一次，也可根据工作需要临时决定召开。例行会议主要通报查处环境违法行为以及开展衔接配合工作的有关情况，研究衔接配合工作中存在的问题，提出加强衔接配合工作的对策；协调解决涉及相关部门的环境执法问题，建立长效工作机制，促进联动协作配合。

(三) 证据制度

为保证案件调查的顺利进行，在现有一般证据规则，即现有办理行政案件和刑事案件证据规则的基础上做出科学合理的特别规定。

明确证据鉴定、检验检测的委托程序。对获取的证据需要进行鉴定、检验检测的，应遵循"谁办理谁取证，谁取证谁委托"原则。环保部门移送公安机关的涉嫌污染环境犯罪案件，由环保部门委托有相应资质的鉴定、检验检测机构进行鉴定、检验检测；公安机关自行侦查的案件由公安机关委托有相应资质的鉴定、检验检测机构进行鉴定、检验检测；当事人申请重新鉴定、检验检测或补充鉴定、检验检测的，由案件实时办理机关委托有相应资质的鉴定、检验检测机构进行鉴定、检验检测。鉴定、检验检测机构对来样的鉴定、检验检测结论负责。鉴定、检验检测机构依法出具鉴定、检验检测意见后，应当将鉴定、检验检测意见及时送达委托机关。委托机关应当按照样品保存期限等相关技术规范要求妥善保存样品，可以长期保存的样品应当保存至终审裁判生效时止。

规范取证采样行为。在办理涉嫌污染环境违法犯罪案件取证中，公安机关、环保部门自行采样或委托鉴定、检验检测机构采样，应按照采样规范执行，对采样的真实性、数据的准确性负责。受委托机构进行现场采样，鉴定机构或检验检测机构的工作人员不得少于二人，其中至少二人应具备相应资质。采样人员采样时应做好采样记录，填写现场采样记录表，并对所采样品标注采样地点、时间、测定项目等。现场提取鉴定、检验检测材料时，应当有当事人在场，并邀请与案件无关的公民作为见证人，取样情况记录表应由取样人员、当事人和见证人签名。如果当事人拒绝签名或当事人不在现场，取样人员应当在取样情况记录表中注明原因。由于客观原因无法由符合条件的人员担任见证人的，应当在笔录材料中注明情况，并对相关活动进行录像。

规范危险废物污染案件的证据收集。根据涉案物质的来源、产生过程以及涉案人员的供述、证人证言等证据，足以认定其属于《国家危险废物名录》所列废物的，由环境保护部门或者公安机关依照名录直接认定，出具认定意见，并说明认定的依据和理由。对于根据涉案物质的来源、产生过程以及涉案人员的供述、证人证言等证据，不足以认定其属于《国家危险废物名录》所列废物，但不能排除具有危险特性的，由市环境保护部门依照国家危险废物鉴别标准和鉴别方法进行鉴别，出具书面鉴别意见，并说明鉴别的依据及理由。《国家危险废物名录》列明的危险废物与非危险废物的混合物的性质判定，由市环境保护部门根据国家危险废物鉴别标准和方法进行鉴别，出具鉴别意见，并说明鉴别的依据及理由。危险废物数量应当综合全案证据认定。对于已经非法排放、倾倒、处置的危险废物无法当场测量的，根据生产经营、物耗、能耗情况、经批准的环境影响评价文件及物料衡算等方式确认必然会产生的危险废物数量，行为人又不能合理说明合法去向的，可以认定为非法排放、倾倒、处置危险废物的数量，但有相反证据的除外；对于使用运输工具运输后排放、倾倒和处置的，可以根据运输工具的装载量、计量记录、嫌疑人供述、证人证言等证据综合认定。对涉案危险废物，公安机关应依照相关规定及时固定证据，并商请所在地的环保部门组织或指定有资质、有条件的机构暂存、保管，避免发生二次污染或证据灭失。对可能危害公共安全的情形，经征求检察机关意见后，环保部门可指定有资质、有条件的机构按照国家有关规定代为处置，公安机关应当配合。涉案危险废物的保管、处置、治理污染所产生的费用由污染责任人承担。

保障证据移送完整性。环保部门向公安机关移送涉嫌污染环境犯罪的案件，应当附有下列材料：（1）涉嫌污染环境犯罪案件移送书；（2）涉嫌污染环境犯罪案件情况的调查报告；（3）涉案物品清单；（4）有关鉴定、检验监测报告或者鉴定意见、认定意见、鉴别意见、计量记录或者损害评估报告；（5）取证记录或者现场照片、录音录像资料；（6）其他有关涉嫌犯罪的材料。

案件证据材料移送要求：（1）对环境违法行为已经做出行政处罚决定的，应同时移送行政处罚决定书和做出行政处罚决定的证据资料、行政处罚决定的执行情况的证据材料。（2）环保部门移送涉嫌污染环境犯罪的案件，应当将涉嫌污染环境犯罪案件及其移送情况抄送同级人民检察院。(3）案件移送材料应为原件，无法移送原件可以移送复制件，但需两名以上执法人员签字确认、加盖公章，并注明复制件出处和原件保管单位、保管人员等；涉案物品应当随案移送，特殊物质不宜移送的，移送材料中应当注明。（4）在集中式饮用水水源保护区、自然保护区核心区排放、倾倒、处置有放射性的废物、含传染病病原体的废物、有毒物质的，应当同时提交保护区区划相关文件。（5）两年内曾因违反国家规定，排放、倾倒、处置有放射性的废物、含传染病病原体的废物、有毒物质受过两次以上行政处罚，又实施前列行为的，应当同时移送所涉案件的行政处罚决定书及相关证据等材料。

（四）现场勘查制度

环境污染刑事案件现场勘验检查是指现场勘验检查人员依法并运用科学方法和技术手段，对与环境污染刑事案件有关的场所、物品、痕迹物证、污染物、人身、尸体表面等进行勘验、检查的侦查活动。现场勘验检查的任务是，发现、固定、提取与环境污染刑事案件有关的证据、调查线索和其他信息，存储现场信息资料，分析污染物产生和排放、倾倒、处置过程，为侦查破案、刑事诉讼提供证据。其基本依据是《刑事诉讼法》《环境保护法》《公安机关办理刑事案件程序规定》《公安机关刑事案件现场勘验检查规则》。

环境污染刑事案件现场勘验检查的任务是，发现、固定、提取与环境污染刑事案件有关的证据、调查线索和其他信息，存储现场信息资料，分析污染物产生和排放、倾倒、处置过程，为侦查破案、刑事诉讼提供证据。

环境污染刑事案件现场勘验检查的主要内容包括：现场保护、现场勘验检查、现场勘验检查记录、痕迹物证提取保管与送检、现场访问、现场实验、现场分析、现场处理、现场复验与复查。现场勘验检查人员应当对涉案企业生产原材料、生产产品、加工工艺流程、现场废水、废物、废气情况进行了解。重点掌握案件现场有毒有害物质的特性，相关部门应有针对性地配备防护器材并采取相应的防护措施，确保现场勘验检查人员的人身安全。对环境污染刑事案件现场进行勘验检查，勘验检查人员不得少于两人。环境污染刑事案件现场勘验检查过程中，对发现的与环境污染犯罪事实有关的水样、土壤、大气、固体废物的提取、保管、送检，依据环保相关规定有专门性操作规范、标准的，由公安机关组织协调环境保护主管部门或具有专门资质技能的人负责提取、保管、送检。

为了证实现场污染环境具体情节的形成过程、条件、原因及明确污染物排放、倾倒、处置手段、部位及污染物性质、成分、含量和重量等，还可以进行现场实验。实验现场应当封闭并采取安全防护措施，禁止无关人员进入。实验应当避免发生二次污染，实验结束后应当及时清理实验现场。现场实验应当由两名以上现场勘验检查人员进行。现场实验应当照相或录像，并制作《现场实验报告》。

### 三 环境警察主管案件的范围

环境警察主管案件的范围，是指环境警察按照法定职责所主管的案件。明确环境警察主管案件的范围对于切实发挥环境警察的作用，协调与环境行政主管机关的权力关系，避免造成不必要的职权交叉及权力冲突均具有重要意义。

(一) 确定主管案件范围的标准

哪些案件应划归环境警察主管？以什么标准来确定划分？这是摆在环境警察制度设计中不可回避的问题。从根本上也表明了警察权介入环境保护的程度。事实上，警察机关自诞生那天起，其根本任务就在于维护公共安全与秩序。从环境生态领域角度看，危害环境安全、破坏环境秩序即表现为故意或过失危害不特定多数人生命健康和重大公私财产安全的行为。其基本属性同样是对公共安全与秩序的破坏。因此，以是否对环境公共安全和秩序构成威胁与破坏是确定环境警察主管案件的基本标准。

(二) 环境警察主管的案件

应通过环境警察制度的设计明确环境警察主管的案件类型。笔者认为，可明确以下两类案件的主管：

(1) 涉嫌环境犯罪的案件。此类案件具体又包括了两种：一是环境警察依照刑法规定主动侦办的涉嫌环境犯罪的案件；二是环境行政主管部门以及其他具有生态系统要素管理职能的政府部门等移送的涉嫌环境犯罪而由环境警察立案侦查的案件。

(2) 构成环境违法的案件。具体包括两类案件：一是依据我国《治安管理处罚法规定》查处的涉及环境违法的案件。这其中又具体包含了违反《治安管理处罚法》中有关环境公共安全与秩序规定的案件，[①] 以及在环境执法中妨碍执法构成治安违法的案件。二是环境警察接受移送的应予行政拘留的案件。这主要是依据《环境保护法》第63条规定的由公安机关接受移送予以行政拘留的案件。

在我国环境警察制度设计中，应对环境警察主管的案件做出上述梳理和归类，以进一步明确环境警察应履行的职责。

## 四 环境警察执法办案程序

执法程序是环境警察制度运行或环境警察权实施的表现形式。环境警察两种属性的执法手段决定了环境警察在执法程序上也包含了两种性质，即环境行政执法程序与环境刑事执法程序。办理环境行政处罚案件及采取行政强制措施主要依据《治安管理处罚法》《行政强制法》以及《公安机关办理行政案件程序规定》规定的程序；办理环境刑事案件则主要依据

---

① 例如，《治安管理处罚法》第30条、第58条规定。

《刑事诉讼法》及《公安机关办理刑事案件程序规定》。这与公安机关办理其他行政、刑事案件无异。

然而，由于办理环境案件的特殊性，在环境警察的制度设计中为保证办理案件的顺利进行，必须在现有依据基础上作出专门性规定。例如，在环境行政执法与刑事执法的衔接上，在案件的移送上，在案件办理的取证、鉴定等专业技术性强、难度大的环节上，特别是在时限规定等方面作出特殊规定。明确规定办案警察可依法对污染环境案件现场进行勘查、取证，公安刑事技术部门可以对现场勘查提取、扣押的物证进行鉴定，出具的鉴定结论可作为证据使用。

## 第三节 环境警察执法外部协调机制

也称联合执法、协同执法机制，它是基于环境违法犯罪的特殊性及复杂性，为及时、有效打击环境违法与犯罪，环境警察与环境保护主管机关及其他相关部门协作执法的工作机制。

这一机制的形成主要通过以下制度加以保障。包括：联席会议制度、联络员制度、联动执法机制、案件移送机制、重大案件会商和督办机制、信息共享机制、奖惩机制、定期培训机制等。

此外，环境警察对生态环境部门正在办理的涉嫌环境犯罪的案件要求提前介入调查和侦查或者要求参加案件讨论的，生态环境部门应当给予支持和配合。

### 一 联席会议制度

各级公安机关与生态环境部门应当建立执法衔接配合工作联席会议制度。联席会议定期召开，也可根据工作需要临时决定召开。每次联席会议均应形成会议记录，建立专门工作档案。

联席会议重点就以下事项进行研究和讨论：

（1）生态环境部门通报当前案件、线索；

（2）公安机关通报每月生态环境部门移送的刑事案件的侦办情况；

（3）双方就执法协作和案件侦办过程中存在的问题进行会商；

（4）共同研究、探讨执法中遇到的新情况、新问题，协商解决疑难问题；

（5）研究制定阶段性防范和打击环境违法犯罪的工作目标和措施；

（6）对当前可能影响稳定及引发社会广泛关注的环境问题进行分析、研判；

（7）对重大项目实施、环境保护行政管理制度制定，以及可能引发群体性事件的突出矛盾进行风险评估；

（8）协商解决环境行政执法中的其他问题。

## 二 联络员制度

公安机关环境安全保卫责任警种和生态环境部门法制（或行政执法）机构分别作为牵头部门，各自确定联络员推进环境执法衔接配合工作。

各级公安机关和生态环境部门应各确定1—2名联络员，负责日常事务联络工作。联络员工作职责主要包括：

（1）负责案件线索的收集、整理和分析，协调双方联动执法协作等相关工作；

（2）负责组织重大联动执法活动的开展，制订工作方案和应急预案，并做好分析总结工作；

（3）负责对接、跟进案件查处和侦办，并通报案件侦办情况；

（4）负责收集情报信息，定期分析、研判环境违法犯罪形势，提出专项处理建议；

（5）及时收集、通报新颁布实施的相关法律、法规、规章和司法解释；

（6）负责组织协调业务培训和学习交流等工作；

（7）负责组织筹备联席会议。

## 三 联动执法机制

各级公安机关、生态环境部门进一步强化部门联动执法，制订相应的工作计划，积极开展统一行动，在各自的职责范围内依法加大对恶性环境违法犯罪案件的综合惩处力度。遇到下列情况时，可启动联动机制：

（1）在一定区域、时段内高发的环境违法犯罪案件，需公安机关和生态环境部门联合开展专项行动进行整治、打击的；

（2）生态环境部门拟对重大环境违法案件进行查处前，经与公安机关会商，认为可能会引起群体性事件的；

（3）生态环境部门在执法检查时遇到阻挠执法、对执法人员进行恐吓的，经与公安机关会商，认为确有必要需公安机关配合的；

（4）生态环境部门在日常工作、应急事件处置过程中，发现明显涉嫌环境违法犯罪，嫌疑人可能逃匿或毁灭证据，需要公安机关提前介入的；

（5）公安机关侦办环境违法犯罪案件，需要生态环境部门配合取证、委托鉴定、检验、评估的；

（6）经协商确有必要进行联合执法的其他情形。

对属于第2项情形，可能引起群体性事件的，在启动联动机制前，生态环境部门应及时报告党委政府；对于第3、4项情形，公安机关接报后应按照《110接处警工作规则》办理。

## 四 案件移送机制

（1）生态环境部门在查处环境行政违法案件过程中，发现涉嫌破坏环境资源保护罪情形的，应当依法及时向公安机关移送案件，并随案移送相关证据或者材料。

（2）公安机关环保责任警种作为牵头部门，负责生态环境部门移送涉嫌犯罪案件的总协调工作。对破坏环境资源类刑事案件，环保责任警种依据《公安机关受理行政执法机关移送涉嫌犯罪案件的规定》受理；对其他刑事案件，由环保责任警种协调有管辖权的公安机关依法受理。

生态环境部门将涉嫌犯罪的案件（含证据材料）移送公安机关后，对于需要评估、鉴定、检验的，应由生态环境部门依法委托有资质的专业机构进行评估、鉴定、检验，并随案移送相关材料。

（3）公安机关应当对生态环境部门移送的案件依法处理，并借助生态环境部门的专业知识和技术支持，提高办案质量。公安机关应当结合自身职能，通过发动群众举报等方式主动发现环境违法犯罪线索，并依法移交或侦办。

（4）生态环境部门向公安机关移送涉嫌犯罪的案件，应当附有下列材料：

①案件移送书，载明移送机关名称、行政违法行为涉嫌犯罪罪名、案件主办人及联系电话等。案件移送书应当附移送材料清单，并加盖移送机关公章；

②案件调查报告，载明案件来源、查获情况、嫌疑人基本情况、涉嫌犯罪的事实、证据和法律依据、处理建议等；

③涉案物品清单，载明涉案物品的名称、数量、特征、存放地等事项，并附采取行政强制措施、现场笔录等表明涉案物品来源的相关材料；

④附有鉴定机构和鉴定人资质证明或者其他证明文件的评估报告或者鉴定意见、检验报告；

⑤现场照片、询问笔录、电子数据、视听资料、认定意见、责令整改通知书等其他与案件有关的证据材料；

⑥生态环境部门向公安机关移送涉嫌犯罪案件的程序，依据《行政执法机关移送涉嫌犯罪案件的规定》执行。

### 五　重大案件会商和督办机制

对于案情重大、复杂、社会影响大的案件，由公安机关会同生态环境部门联合挂牌督办，必要时邀请人民检察院、政府法制、安监等部门，针对案件性质、复杂程度、涉及范围、可能导致的后果等情况，进行事前风险评估研判，并对案件的调查、取证等进行研究，确保案件依法处理。

### 六　信息共享机制

为便于开展工作，公安机关与生态环境部门应当共同探索建设协作共享信息平台的思路及方式。根据各自的专业特长和执法特点相互学习，相互指导，共同研究，努力提高办案的能力和执法质量，实现情报信息的互信和共享。

公安机关、生态环境部门应当及时通报环境违法犯罪案件的办理动态和重大环境矛盾纠纷调处动态，共同分析案件办理中的疑难问题，共同研究打击环境违法犯罪、排查环境矛盾纠纷的对策和机制。实现环境违法犯罪案件信息互联互通，提高联动执法效率。

### 七　奖惩机制

各级公安机关、生态环境部门要将本部门查处打击环境违法犯罪、开展联合执法情况等纳入本系统目标考核，组织开展年度表彰奖励工作，有效调动执法人员积极性和主动性。

对挂牌督办的案件，上级公安机关及生态环境部门要加强指导、督办，及时帮助解决办案中的困难，确保案件依法顺利查处。对及时查结的挂牌督办案件，给予表彰奖励。

## 八　定期培训机制

公安机关和生态环境部门应每年至少共同组织1次业务培训。通过联合培训、典型案例剖析、跨部门学习锻炼等多种形式，全面系统地学习环境行政执法和刑事侦查所涉及的法律、法规和标准，重点加强案件调查取证、案件移送以及有关法律适用知识的培训，提升办案能力和水平。

为保障联合执法机制得到落实，各级公安机关、生态环境部门需要高度重视，切实加强组织领导，明确分管领导，落实责任部门和责任人。通过成立联合执法工作领导小组，负责研究确定联合执法工作的总体思路、长效机制和实施方案，开展联合执法行动，对疑难环境违法犯罪案件查处工作进行联合会商，协调解决工作中遇到的困难和问题。各级公安机关、生态环境部门还要加强联合执法机制的资金保障，积极争取将日常办公、情报信息、举报奖励、办案装备、人员培训、宣传教育、委托评估鉴定等工作所需经费列入同级财政预算，确保联合执法机制正常运转。同时还要充分利用电视、报纸、网络等媒体，积极宣传公安机关、生态环境部门建立联合执法协作工作机制、联合打击环境违法犯罪工作情况。要组织人员深入企业，大力宣传相关法律、法规，提高从业人员的知晓率。要注重宣传引导，对于案情复杂、社会关注度高的案件，要积极配合当地党委宣传部门做好信息发布工作，确保社会稳定。

## 第四节　对环境警察权运行的监督机制

保障环境警察制度的健康运行，必须防止环境警察权的缺位、错位与越位。所谓缺位是指在环境警察制度确立的基础上，环境警察权没有发挥应有作用或者表现为不作为。如在制裁环境违法、打击环境犯罪中缺乏应有力度或干脆出现"真空"地带。总体体现为在保卫环境安全和维护环境秩序上不能满足社会的需要；而错位则是指在政府环境监管体制内，环境警察行使了本该由其他主体行使的职能。在此需要特别指出的是，在环境行政执法中，公安机关不能代替环境保护主管部门，也即环境警察不能取代环境监察，不能造成新的职能交叉和重叠。必须明确环境警察权的行使界限，防止环境保护中的角色冲突；所谓越位则是指违背环境警察制度所确立的原则，不顾环境保护对警察权的需要度，超越了环境警察权法定的行使范围，体现为环境警察权的无限扩张。为此，必须加强对环境警察权行使的监督和制约，同时还要明确相应的执法责任。

## 一 监督的方式与途径

监督是环境警察权行使的制动器和制衡器。在环境法治的社会环境下，可以通过多种路径实现对环境警察权行使的监督与制约。

（一）公权力及其内部的制约

这种监督体现为三种方式：一是通过司法权实现对环境警察权行使的监督。具体体现为一方面通过环境刑事司法程序关系中公、检、法三机关相互配合、相互制约的关系加以实现；另一方面则通过警察行政诉讼，针对环境警察权行使中存在的纷争体现司法权的监督。二是通过行政权内部上下级监督加以实现。政府通过其层级体制中的监督达到较为严格的自律，也可以实现行政权内部的有效制约。这具体体现为一方面可以从政府与环境警察组织的领导关系中加以体现，另一方面可以借助警察行政复议解决环境警察权行使中的纠纷以体现监督。三是公安机关内部的特有监督。现代警察权的发展，其在建构上即主张"权力分化与制衡"，警察权根据执行监督的职能体现内部分化，即警察督察权，以实现从内部来防止权力的滥用。凭借现场督察可以体现对环境警察权行使的有效监督。

（二）公民权利的制约

随着我国民主与法治进程的发展，伴随公民权利的成长，公民的权利意识得到了增强。在警察权与公民权的理论研究当中，有学者将警察权与公民权的关系从不同角度归纳为供求关系、回归关系、一致关系、矛盾关系及契约关系。究其根源，警察权来源于公民权。在现代法治社会条件下，警察的作用就是向民众提供安全与秩序的公共产品。而在这之中公民权对警察权的监督则是必然的。然而，在我国，由于传统上受到公权力本位的影响，较长的历史时期内公民权受到压抑，监督也无从谈起。而警察权的滥用往往会使公民权受到侵害甚至化为乌有。在环境保护领域，保障公民的知情权是监督环境警察权合法行使的重要手段。知情权是社会公众了解环境警察执法及相关信息的权利。这一权利得到应有保障，就使得执法公开成为可能。公开是权力滥用、恣意专横的天敌。通过环境警察权行使的公开化、透明化，使这一权力的运行置于外部监督与制约之下，既有利于防止权力的失范与异化，也有利于排除人们对环境警察权任意扩张的疑虑。

（三）以警察道德约束体现制约

这是指通过学习和教育的方法，使环境警察树立正确的权力观并内化为他们的内心信念，培养为公共利益服务的意识和品质，自觉以道德的力量抵制一切诱惑，行使好手中的权力。这种制约机制更加注重防患于未然，把问题消灭于萌芽之中。

具体而言，通过制度的规定要使环境警察逐步产生和培养对法律的信仰与尊重。树立维护环境权的理念，并同时做到诚实守信。只有这样才能忠实地执行法律，并将其规定的保障公民基本权利的内容在执法中得到体现。一位信仰法律至上、忠诚执法的环境警察在日常执法中必然会摒弃一切以非法手段去实现环境公平与正义的做法。

## 二　确立环境警察执法责任制

环境警察的执法责任，是指环境警察在执法中违法行使职权，依法应承担的法律后果。当今社会一个法治政府必须是负责任的政府。环境警察行使权力要在法定范围内，必须以责任来约束权力的行使，违法行使警察权必须承担法律责任。也即环境警察必须对其过错执法行为承担法律后果。

明确环境警察的法律责任，有利于环境警察更好地履行职责；有利于环境警察队伍素质的提高，有利于环境警察队伍的廉洁和公正；有利于环境警察在环境安全保卫中严格遵守相关法律、法规，做到严格执法；有利于保护国家和人民群众的合法权益，防止在环境安全保卫执法中滥用警察权力。

实行警察执法过错责任追究制度应体现于环境警察权运行之中。对执法过错进行追究是做到严格、公正、文明，这是我国公安机关执法规范化建设中的应有之义。健全的环境警察执法责任制，首先应明确领导责任，即因决策失误导致的失职行为及违法行为，应规定追究相关负责人的领导责任。另外，对环境警察在执法过程中的徇私舞弊、滥用权力、贪赃枉法、违法失职等行为,应分情况追究相应的行政责任和刑事责任。① 对给相对人造成侵权损害的,还应当明确国家赔偿责任。②

---

① 根据《人民警察法》第22条规定:"人民警察不得实施下列行为:散布有损国家声誉的言论,参加非法组织,参加旨在反对国家的集会、游行、示威等活动,参加罢工;泄露国家秘密、警务工作秘密;弄虚作假,隐瞒案情,包庇、纵容违法犯罪活动;刑讯逼供或者体罚、虐待人犯;非法剥夺、限制他人人身自由,非法搜查他人的身体、物品、住所或者场所;敲诈勒索或者索取、收受贿赂;殴打他人或者唆使他人打人;违法实施处罚或者收取费用;如果人民警察实施了上述行为之一的,应当给予行政处分;构成犯罪的,依法追究刑事责任。"在环境警察执法过程中如有上述行为应承担相应的行政或刑事责任。此外,环境警察在执法中为表现其应有的强制力,可配备武器和警械。但根据《人民警察法》第48条的规定,人民警察违反规定使用武器、警械,构成犯罪的,依法追究刑事责任;尚不构成犯罪的,应当依法给予行政处分。这在环境警察制度中也应加以强调,从而更好地维护相对方的合法权益。

② 根据《人民警察法》第50条规定:"人民警察在执行职务中,侵犯公民或者组织的合法权益造成损害的,应当依照《中华人民共和国国家赔偿法》和其他有关法律、法规的规定给予赔偿。"笔者认为,在我国环境警察制度的设计中,应以此条规定作为基本依据,对环境警察在执行职务中可能侵犯公民或者组织的合法权益的情形进行梳理并作出明确规定。

# 第九章 环境警察与涉稳生态安全风险防控法治实务

## 第一节 环境警察与涉稳生态安全风险防控概述

生态环境问题是我国当前面临的突出现实问题之一，也是影响未来我国经济社会发展和社会稳定的重要因素。这都要求我们对生态环境形势进行客观科学的评价，辨识未来生态环境风险并采取积极有效措施加以防控。未来针对生态环境风险所采取的对策，应当跃出生态环保的范围，而到与之相关的经济、政治、社会、文化领域中去寻找。这种思路就是党的十八大提出的生态文明建设要深刻融入经济建设、政治建设、社会建设和文化建设之中的"五位一体"要求，这种新的生态环保对策称为"整体优化的环保战略"。而公安执法在生态环境风险防控中的作用发挥是这一战略中的重要组成部分。

### 一 涉稳生态环境安全风险防控背景与意义

习近平总书记在第八次全国生态环境保护大会①的讲话中指出，新时代推进生态文明建设，必须坚持好六项原则。其中提到"用最严格制度最严密法治保护生态环境，加快制度创新，强化制度执行，让制度成为刚性的约束和不可触碰的高压线"。公安部领导在传达学习习近平总书记在全国生态环境保护大会上的重要讲话精神的会议上也提出要切实增强做好生态环境保护工作的使命感、责任感、紧迫感，充分发挥公安机关职能作

---

① 2018年5月18日至19日，第八次全国生态环境保护大会在北京召开。会议提出了要加大力度推进生态文明建设、解决生态环境问题，坚决打好污染防治攻坚战，推动中国生态文明建设迈上新台阶。习近平总书记在讲话中强调，生态文明建设是关系中华民族永续发展的根本大计。同时指出，生态环境是关系党的使命宗旨的重大政治问题，也是关系民生的重大社会问题。

用，依法严厉打击污染环境违法犯罪活动，有效防范生态环境涉稳风险，为推进生态文明建设、建成美丽中国保驾护航。

近年来，由环境问题引起的涉及社会稳定的问题有所增加。这种情况的实质是环境问题的后果由非环境问题制造者承担，产生了社会不公正性，损害了社会公众的环境利益，以致在一些地方引发了群体性事件。一些排放污染物的企业获得了经济效益，赚足了钱的老板离开了污染的地区，但居住在当地的百姓成为环境污染的受害者。再或者，城市里的人们享受着富足的生活，但他们产生的垃圾却被运往农村地区，使那里的村民承受恶臭和污水带来的污染后果。这种环境污染的转移，引起局部社会对立情绪和过激行为的上升，这实际已成为当今环境形势的新特征。自1996年以来，环境信访和投诉数量保持年均29%的增速，诸如儿童血铅超标、持久性有机污染物、危险化学品、危险废物等引发的环境污染事件仍呈高发态势。这些事故事件与群众健康关系密切，公众关注度强，赔偿成本和维稳成本高，表明我国环境问题对社会的影响已经发生了重大的变化，社会公众由过去对环境问题知之甚少或无暇顾及，逐步转变到高度重视与坚决维权。据有关数据显示，2005—2012年，原环境保护部直接接报处置的环境事件共927起，重特大事件72起。以上情况表明，生态环境恶化引发了对社会公共安全的破坏，直接表现为对社会安宁的影响，而社会的安宁又直接关系到公民的生存权与发展权。一个民族得以长久生存并不断发展壮大，其主要推动力和重要标志应当是人口、资源与环境的协调发展，是人与自然的和谐。倘若以土地和水资源为核心的国土资源极度短缺，生态系统不能持续提供资源能源、清洁的空气和水等环境要素时，人类的生存与发展就失去了载体和基础。将生态环境与公共安全联系在一起并不是当代人才有的觉醒，历代统治者都把保护自然资源、防治自然灾害作为公共安全提到国家战略问题予以高度重视。例如，中国最早提出国策概念的管仲在其《地员篇》中强调的"地者政之本"。而中国古代游牧民族与农业民族长期争战造成的山河破碎、国破家亡的悲剧，其直接原因往往是游牧民族赖以生存的草原资源受到破坏，这些经常处于生态难民境遇中的铁骑又对文明社会造成了巨大破坏。可见，生态环境安全事关国家社会公共安全。

尽快建立起我国生态环境安全风险防范体系，这对于我国和谐社会的构建有着至关重要的作用。只有从国家发展战略层面切入解决生态环境问题，只有将维护生态环境安全上升到国家意志的战略高度，只有从国家公共安全的高度认识生态环境问题，只有把解决生态环境问题与维护社会稳定结合起来，才能正确而妥善地处理好生态环境与经济发展问题，从源头上解决对生态环境的危害问题。由此，未来针对生态环境风险的对策，必须跳出生态环保自身的范围，实行"整体优化的环保战略"，在政治、经济、社会、文化等方面全面纳入环境保护的要求，使这些对生态环境具有重要影响的领域向着环境友好的方向优化和转变，最终实现改善生态环境、增进人民福祉的目标。

## 二 我国生态环境涉稳风险的风险源种类

生态环境风险是指在一定时间和空间范围内，基于一定情况下，生态环境与自然资源产生损失的可能性。生态环境风险的基本属性包括了自然属性、社会属性和经济属性。生态环境涉稳风险则着重其社会属性，即生态环境风险带来的不确定性，给社会公共安全带来的影响。随着风险的发生，人们在日常经济和生活中将遭受经济上的损失或身体上的伤害，导致社会秩序混乱，社会稳定受到威胁。

现实中，从公共安全视角来看，相关生态环境问题可能引发涉稳风险的风险源主要包括以下几类：

（1）企事业单位及个人违法违规行为。主要是企事业单位及个人违法违规偷排漏排污染物，污染大气、水、土壤、声环境以及破坏自然保护区环境，损害公众利益；企业与居民卫生防护距离过近，及防护距离内居民搬迁推进慢，导致企业和公众不满；规模养殖企业选址不符合要求，未落实环评登记备案手续，未按国家有关规定收集、贮存、利用或者处置养殖过程中产生的畜禽粪便，导致污染水源，引发群众纠纷，影响正常农耕生产的问题。对被群众反复投诉、久拖不决及多次下达整改意见书一拖再拖、拒不执行的企业和案件。

（2）新建项目问题。主要是指因垃圾焚烧处理、重点化工、印染、造纸、石油、石化等新建项目存在选址不合理、程序不规范、公众不支持，未落实"三同时"要求，导致矛盾激化，引发群体"维权"活动，特别是因环保引发的"邻避"问题。

（3）工业园区问题。主要是指工业园区企业随意倾倒、堆放、丢弃、遗撒固体废物，排污设施运行不正常，超标准排放污染物和污染物排放总量超标，干扰污染物排放自动检测设备运行，私自修改自动检测设备数据等行为。

（4）危险废物违规处置问题。包括随意遗弃、堆放、倾倒医疗废物、化学药品废弃物及重金属废弃物。未办理"危险废物经营许可证"从事危险废物收集、贮存、处置经营活动，导致环境污染及重金属污染物超标等可能影响社会稳定的问题和隐患。

（5）核与辐射安全问题。包括核与辐射安全宣传引导、安全教育是否到位；安全防护设施、放射性警告标志是否完好；生产、销售、使用放射性同位素和射线装置单位是否履行环保审批手续；放射性废物贮存、处置、排放是否合规等问题。

（6）自然资源及生物多样性问题。包括非法采砂、采矿、乱砍滥伐，非法猎捕、杀害珍贵、濒危野生动物，盗伐、滥伐林木等破坏资源及野生动植物保护的问题。

基于以上风险源的存在，公安机关环境警察在实践中主要涉及两大类案件，即污染环境案件和破坏资源保护的案件。

## 第二节　几个案例的思考与启示

公安机关着力打击环境犯罪活动是近年来伴随国家高度重视环境治理，注重防范生态环境涉稳风险而展开的。以现实来看，公安机关在打击环境犯罪方面涉及两类案件：一类是污染环境类的犯罪；另一类是破坏资源类的犯罪。而尤以第一类案件为多。在案件的侦办过程中公安机关依据现有法律规定，本着在法律框架下进行制度创新的精神，在环境案件的办理中积累了成功经验，也有需要探究的问题及亟待补齐的短板。这将为我国环境警察制度的确立提供实践支撑。

### 一　污染环境案件

（一）张某国等非法处置医疗废物案

2016年，某市公安局成功侦破公安部督办张某国等人非法处置医疗废物污染环境案，查获医疗危废130余吨，摧毁1个特大非法处置医疗危废的犯罪团伙，抓获涉案人员25人，其中已逮捕12人，治安处罚4人。

【案情】

2016年7月，湖南多家媒体以"医疗垃圾进黑作坊结果全被制成一次性餐具"为题报道医疗废物处置监管漏洞大，并直指源头来源包括湖北某市。10月初，省环保厅接到省纪委转来的举报线索，经省政府领导批示，省环保厅会同省公安厅组成工作专班核查该线索。10月18日，省环保厅、省公安厅工作专班进驻某市展开暗访，在某市高新区发现一个非法处置医疗垃圾的黑窝点，现场查获医疗废物近百吨。

经查，犯罪嫌疑人张某国等人，未取得医疗废物经营许可证，在高新区大李沟非法收购使用过的注射器、输液器等医疗废物，储存堆放在现场，未采取任何消毒措施情况下，雇用工人3名进行人工拆解、分类、装运、贩卖，这些废物垃圾流向其他窝点被生产成一次性塑料杯、碗等生活用具，危害极大。经省市环保部门专家现场认定，上述医疗废物已被列入《国家危险废物名录》，属于危险废物，危险特性为感染性。根据《刑法》非法处置危险废物3吨以上就涉嫌污染环境犯罪，某市公安局于24日立案侦查，抓获涉案人员25人，至此案件告破。

【侦办过程】

接警捣毁"黑窝点"。接省厅核查组情况通报后后，某市局治安支队迅速派出骨干力量，组织有关分局十余名民警抵达现场，控制窝点出入口，登记场内3名分拣工人姓名，通知土地出租者到现场接受调查。经查，该窝点堆积医废130余吨，输液管、输液针头、透析管、输液瓶、输液袋、一次性注射器、病人使用的便器等医疗废物基本涵盖某市所有医院，所有医疗废物均露天堆放，未采取任何污染防控措施。市环保局立即立案调查，公安机关提前介入协助取证，迅速对3名分拣人员、土地出租者、司机等人制作调查笔录，追查"黑窝点"老板。查封窝点物品、车辆等，封锁现场。追缴记账本、过磅记录本等物证书证。委托有关部门对现场医疗废物计量登记。按照危险废物处置规定，对现场医疗废物转移封存或就地封存，防止污染环境。由当地有关部门派专人对现场24小时看守，防止废物流出。同时由省环保厅迅速对医疗废物作出司法认定。

调查公司查数据。当日下午，治安支队组织相关分局7名民警陪同两厅核查专班，对湖北某环保科技有限公司现场检查，对从医院转运医疗废物返回公司的3辆专用车司机、押运员和部分管理人员进行调查。初步查明该公司共有医疗废物转运专用车10辆，经常运营的5辆，其中装有

GPS 定位系统的 2 辆。经调阅这 2 辆车 GPS 运行轨迹发现，仅 19 天的日常医疗废物运输过程中，就有 26 次到该"黑窝点"较长时间停留。从调查情况看，该环保科技有限公司"医疗废物转运车"给"黑窝点"非法运送医疗废物，系司机和押运员的个人行为。公司对从医院到公司的运输途中监管缺失，给司机和押运员以可乘之机。

市政府高度重视，紧急部署卫生、环保部门成立排查专班，对全市所有医疗废物产生单位全面排查，彻底消除隐患；卫生部门加强对医疗单位医疗废物管控，制定落实管理规范；环保部门加强对运输过程全程监管，对所有医疗废物登记造册；商务部门对全市所有废品收购站收购医疗废物行为排查清理，无证经营的坚决取缔。要求封闭现场，避免恐慌，尽快恢复地貌。公安机关召开专案组全体成员会议，依据公安机关掌握的现有证据先立治安案件，迅速控制涉案人员，待省环保厅医疗废物认定意见下达后转立刑事案件。专案组迅速协调市环保局出具初步鉴定书和移送函，依法传唤中油公司司机李某、押运员王某荣，并依法处以行政拘留 15 日。根据掌握的证据，指导高新区公安分局对张某国等人以涉嫌污染环境罪立案侦查，并迅速将主要犯罪嫌疑人张某均抓获依法刑事拘留，对其他涉案人员逐一调查取证，刑拘 14 人。随后，市公安局专案组在迅速摸清中油公司其他涉案司机和押运人员、源头医院、医疗废物运输路线的基础上，制定源头排查方案，部署各县市区公安局参与卫生、环保部门排查，做好现场检查、询问医院医疗废物管理人员、扣押或复印书证、辨认司机和押运员、提出整改意见等工作，并制定下发调查询问提纲及线索资料，确保取证效果。最终该案成功移送起诉。

【战法与经验】

本案公安机关经过周密侦查获取有力证据，顺利移送起诉，分析战法主要做到了以下方面：

第一，准确认定污染类型。根据《刑法》第 338 条及"两高"关于污染环境罪司法解释的规定，非法处置危废 3 吨以上即可认定为"严重污染环境"。该案中，违法行为行为罪与非罪的衡量标准主要是医疗废物的性质与重量。经环保部门认定，医疗废物属于"危险废物"范畴，且经现场勘查称重及后续调查发现，涉案危险废物重量远超 3 吨，达到入刑标准。

第二，综合判断主观心态。在是否具有污染环境主观故意方面，犯罪嫌疑人常常辩解自己不明知、不懂得所处置的系危险废物，根据经验或依据一定事实，如犯罪嫌疑人学历、从业经验、从业时间，危险物质形状、性质、成分、气味等即可判断。正常人一般都进过医院，都能识别使用过的医疗废物，都能认识到其具有一定危险性。认识到或者足以认识到该物质可能具有潜在危险性即可。

第三，科学查证危废重量。一方面，通过主犯张某国、张某均现场指认，结合现场称重，利用扣押物品清单及鉴定结论通知书来证明固定现场危废重量；另一方面，通过查证胁从犯司机及押运员重点固定非法处置次数，让主犯的手机话单与10名嫌疑人的手机号进行碰撞，以车辆偏离报警记录、报警90余次的记录情况，"四侦一化"车辆轨迹，举报人视频等为时间轴，结合嫌疑人供述，让其指认其非法处置次数，时间、地点、车号、同车人员，交易方式等用笔录固定，最后形成嫌疑人非法处置危废统计表，经相关当事人签字确认，查证过往非法处置危废重量。

这一案件办理的成功经验主要在于：

第一，公安机关及相关部门高度重视。公安机关主要领导多次深入一线指导案件侦查，分管局领导始终带队工作在办案一线，研究案情，指挥办案。公安机关果断对重点嫌疑人员采取强制措施。在犯罪嫌疑人陆续到案后，办案人员坚持对每一个犯罪事实、每一项刑事强制措施的适用，都严格审核把关，依法规范办案。高效运转始终如一。

第二，实现"三个突破"，打好攻坚仗。一是突破坐等移交的传统立案模式。打破以往环境污染案件发生后，坐等环保部门移送的常规做法，在获悉警情、判明基本案情的基础上，市局迅速召开法制、治安等部门负责同志参加的案情分析会，研究决定依据"两高"司法解释有关规定，依据公安机关掌握的现有证据先立治安案件，迅速控制涉案人员，待省环保厅对医疗废物认定意见下达后转立刑事案件。转立为刑事案件后，开展专案侦查。办案过程中，市局多次会同市环保部门、检法部门，针对案件侦办过程中的专业技术鉴定问题进行会商研究，为案件的下一步侦办提供强有力的技术和证据支撑。二是突破就案办案的惯性侦查思路。针对该系列案件涉及地域广、时间跨度长达5年，且目击证人少，非法处置现场、时间及源头污染物具体数量不明，缺少有价值破案线索的实际，根据省厅工作组的指导意见，办案人员不断拓展侦办思路，按照"由面及点，打开缺口，逐渐深入"的办案模式，统筹全市公安机关统一行动，从外围向中心步步紧逼。市局专案组制定了源头排查方案，部署各县市区公安局参与卫生、环保部门排查，做好现场检查、询问医院医疗废物管理人员、扣押或复印书证、辨认司机和押运员、提出整改意见等工作，并制定下发调查询问提纲及线索资料，确保取证效果。三是突破行政执法与刑事司法的部门壁垒。建立公安与环保部门的情况交换机制，每天互通工作进展，会商办案中遇到的问题，研究下一步工作方向。协调省市环保部门、专家学者对专业技术问题进行检验鉴定。先后两次召开公、检、法及环保等部门办案协调会，就鉴定结论、危害结果以及历史案件认定进行会商，加大对涉案单位及个人的查处打击，依法追缴违法单位及个人用于环境污染修复的费用。

第三，坚持"三项联动"，打好整体仗。一是坚持警种联动。建立治安、刑侦、技侦、网侦等诸警种和属地公安机关合成作战机制，实行刑侦、图侦、技侦、网侦、情侦同步上案，广泛开展涉案要素排查比对。围绕污染现场周边道路，调取大量视频监控等数据。分类筛选特定时段经过特定区域车辆数据，注意从中发现捕捉疑点。对嫌疑对象和车辆的活动轨迹，开展空中信息分析。二是坚持区域联动。全市公安机关按照市局统一部署，打破地域界限，步调一致，齐心协力，深入细致地开展专案集群战役线索证据调查取证工作。三是坚持部门联动。公安、环保无缝对接，派骨干力量组成专案组，形成打击合力，重点负责追源头、断网络，依法彻查，将案件办成全国打击非法处置医疗废物犯罪精品案件。

（二）胡某清倾倒危险废物污染环境案

2016年3月，某县公安局破获胡某清倾倒危险废物污染环境案，查获犯罪嫌疑人2名，扣押槽罐车1辆。同年7月13日，县人民法院以污染环境罪判处胡某清有期徒刑一年零六个月，缓期执行三年，并处罚金五千元。

【案情】

2015年12月13日，某县毛李镇毛李村群众发现在该村5组的一处未进行防渗处理的沟渠里有人倾倒酸性物质，造成公路下面的涵管及沟渠石头护坡腐蚀，下游鱼池的河蚌、鱼类等死亡。消息传开后在当地造成很大影响，社会上也流传着各种推测议论，当地晚报及相关网站以整版篇幅进行持续报道。县人民政府接到情况报告后，紧急抽调环保、公安、气象、地质等部门及化工专业人员组成应急事故调查组，进行现场调查处理。经对水体进行抽样，初步分析是被倾倒了强酸物质，使水体具有强烈的腐蚀性（经检测并由省环保厅认定，其酸碱度为 0.76，小于 1），对人身安全和环境有很大的危害。相关部门随即对渠道、坑塘、鱼塘等投下石灰进行酸碱中和处理，后将坑里的水抽取，通过罐车运往沙洋一化工厂进行无害化处理。该污染事件共损失约 13 万元（污泥处置费用及环境修复费用未计算入内）。

【侦办过程】

2016 年 2 月 24 日，某县环保局以涉嫌污染环境罪，将该案移交县公安局。县公安局当日立案，并责成治安大队组建专班对该案开展侦查。县公安局治安大队在某市局治安大队的大力支持下，对涉案车辆和企业进行调查，经在其公司查询其出车记录、在 GPS 平台公司查询该危化车行驶记录、调阅通话清单等证据，发现胡某清与当天的押运员吕某有重大作案嫌疑，并于 3 月 2 日将犯罪嫌疑人胡某清、吕某二人抓获。胡某清供认其为了骗取秦江化工有限公司副产品盐酸的运费补贴，以帮忙为秦江化工有限公司销售盐酸的名义，于 2015 年 12 月 12 日联系该公司供应科科长张某，私自驾驶该公司的危险化学品运输车，从公司拖运一车 19.24 吨的盐酸，于次日凌晨 1 时许倾倒在毛李镇毛李村该处沟渠里。2016 年 4 月 2 日经县人民检察院批准，县公安局对胡某清执行逮捕，2016 年 4 月 19 日移送起诉。2016 年 7 月 13 该案宣判。

【战法与经验】

本案的成功侦破主要战法和经验在于：

第一，部门联动机制发挥关键作用。在某公安局的推动下，某县 2013 年建立了行政执法与刑事司法衔接机制、重大案件协商机制，公安部门也成立了专门的食药环侦查机构，配备了精干力量。由于该案是发生在该县的第一起外来倾倒污染物质污染环境案件，作案对象不明确，相关处理经验欠缺，部门之间对该案的定性存在争议。公安机关在案件的定性上据理力争，认定为一起刑事案件。如何理解关于污染环境罪的犯罪构成及如何理解《最高人民法院、最高人民检察院关于办理环境污染刑事案件适用法律若干问题的解释》中关于有毒物质及危险废物，以及该处沟渠是否为渗坑等问题？根据县环保部门当初的监测数据 pH 为 0.76，按照《危险废物鉴别标准　腐蚀性鉴别》中的规定，按照 GB/T 15555.12—1995 的规定制备的浸出液，pH $\geq$ 12.5，或者 $\leq$ 2.0 的，属于危险废物；

对于该处沟渠的认定问题，根据公安部、工业和信息化部、环境保护部、农业部、国家质量检验检疫总局 2014 年 12 月 24 日《行政主管部门移送适用行政拘留环境违法案件暂行办法》第 5 条第 3 款规定，"渗井、渗坑是指无防渗漏措施或者起不到防渗作用的、封闭或者半封闭的坑、池、井和沟、渠等"；对于非法倾倒有毒物质与该处环境污染是否存在直接的因果关系的认定问题，即环境被污染的直接原因是犯罪嫌疑人倾倒了有毒物质，该倾倒物质与水体污染源头存在同一性，需要排除其他可能对于该沟渠的水体污染。经前期的调查，该沟渠平时都蓄满了水，其水质清澈、良好，附近村庄的村民都在这里洗衣、洗菜，水中还有放养的鱼虾，12 月 13 日前水质都很好，没有发现什么异常现象。该处沟渠四周没有污染企业，也排除了地质灾害，遂认定为一起非法倾倒污染环境刑事犯罪案件。因公安部门提前介入，案发当日就对该案件发生地的原始现场予以现场勘查，照相固定。对该处沟渠为渗坑（沟渠渠底及周边为裸露的土壤，未进行防渗处理）以及周边受污染的情况予以证据固定。同时开展了调查走访，对受损的情况进行收集，对农户、参与处置的有关部门和人员的相关费用进行核实。与环保部门关于污染环境罪的理解认识达到了统一，并且指导环保部门前期收集证据工作，规范取证程序、监测程序，从而使该监测数据及调查报告能够在后期的刑事诉讼活动中具有证据效力。

第二，合成作战显威力。案发后，县公安局局长协调治安、刑侦、网安、派出所等各个部门力量进行前期的侦查，治安大队抽调精干力量组成专班进行侦办。经开展视频侦查，对案发区域监控卡口视频监控进行分析，锁定了涉嫌作案车辆为一罐式槽车。同时开展大情报信息查询工作，通过在公安交通信息系统查询，查到该车的车主等信息；通过查询该车辆驾驶员违章信息，查询到有胡某清等人在 2015 年驾驶该车的违章信息。

第三、公、检、法三机关协调沟通保诉讼。在侦办过程中，公安机关与检察院、法院多次沟通，对于犯罪的构成、共犯的认定、民事赔偿等问题达成共识，保证了诉讼的顺利进行。对于胡某清交代于 2015 年国庆节期间和吕某在某市开发区倾倒盐酸一次的认定问题，由于其倾倒地点沟渠现场周边有大量的化工企业，污水都流经该沟渠，且距离案发时间有半年之久，而盐酸易挥发，难于进行监测。故检察院方面未对该起事实予以认定。

(三) 刘某电镀加工污染环境案

【案情】

2015年4月20日21时许,某市公安局环境安全保卫总队、大渡口区公安分局跳磴派出所、市环境监察总队执法人员共同对某焦化厂区一非法从事电镀加工的作坊进行突击查处。经查,该作坊被查处时正在进行隐蔽生产,并向厂房外的沟渠排放生产废水。市环境监测总队执法人员依法对各点位水样进行采样,并送市环境监测中心作分析检验。4月22日,市环境监测中心出具的监测报告显示,外排废水中总铬浓度分别为140毫克/升、76.6毫克/升,超过《电镀污染物排放标准》(GB 21900—2008)规定的最高允许排放浓度(1毫克/升)139倍、75.6倍。随即,办案单位对涉案人员采取强制措施,完善证据,并移诉至江津区人民检察院。8月25日,江津区人民法院以污染环境罪判处刘某拘役四个月,缓刑八个月,并处罚金3000元。

【侦办过程】

本案是以污染环境罪立案侦办,并依据《关于办理环境污染刑事案件适用法律若干问题的解释》第1条第3项之规定开展组证工作的。查处、现场勘查、检验鉴定均是在市环境监察总队的配合下共同完成的。这需要公安环保警种与环保行政部门有畅通的衔接机制、科学的分工协作。为保障环保案件的顺利查处,公安民警在案前加强与环保行政部门沟通,明确职责分工,处理好协同作战与保密纪律的关系。在查处现场,公安民警与行政执法人员应按照分工协作方案分别有序地开展工作,并做好沟通衔接。

本案中,现场公安民警分为三组,第一组负责外围警戒、现场保护;第二组负责控制相关嫌疑人,并开展初步讯问工作,了解黑作坊人员分工、生产流程、污染物种类等基本信息;第三组负责对现场开展搜查工作,注意搜集原材料采购、收款收据、出库单等相关书证。通过以上现场工作,公安民警初步明确了犯罪嫌疑人刘某及两名工人在没有合法资质的情况下,在厂房内秘密经营电镀加工的事实。刘某负责日常管理、联系业务、电镀工作,并雇请工人王某、周某负责具体生产并排放废水。未经处理的生产废水通过污水槽直接排放到厂外排水池,经过沉淀后通过水渠排入长江。市环境监察总队执法人员负责对刘某等人电镀生产非法排污的事实进行行政查处,并对相关人员制作调查询问笔录。市环境监测中心工作人员负责对相关点位进行采样。后经现场勘查后确定，采样点位分别是外排水池、排水池旁沟渠、滚镀槽、钝化池。

在侦办过程中公安民警关注了以下问题：第一，厂房外排水池的作用与犯罪主观方面的关系问题。本案的犯罪嫌疑人刘某在供述中称，其在排放废水的过程中会让工人在排水槽中添加交氯硫酸钠、碱等物质，并将废水排入厂房外排水池中进行沉淀。而在废水持续排放过程中，排水池中的水其实是不断溢出至旁边的沟渠。检察院在办理另一起类似案件中对嫌疑人在此种辩解下的主观认识问题提出了质疑。鉴于此，侦查员特别注意了以下方面：一是选择采样点位应包含嫌疑人辩称的处理前环节和处理后环节，以印证其辩称的处理措施不能减少废水中的重金属含量；二是应对排水池设置的作用对嫌疑人进行仔细讯问，排除其作出的蓄水辩解。一旦执法人员在查处过程中，发现排水池中废水未满，且现场未发现溢出，将对后续打击处理造成被动。本案针对此问题对嫌疑人的讯问非常清晰，印证了排水池溢出至旁边沟渠系电镀生产排污过程中的常态行为，嫌疑人主观对排放行为属于间接故意。第二，涉案工人的刑事责任问题。本案在侦办过程中，对涉案工人采取了取保候审强制措施，但检察机关认为工人行为属情节显著轻微、危害不大，不予追究刑事责任。工人原则上不列入刑事打击范围属于刑事政策方面的考量，但在理论上，工人受雇用直接实施污染环境的行为应当构成污染环境的共同犯罪。因此，侦查员在办理此案中，特别注意了以下问题：搜集涉案工人因同类行为是否受到行政、刑事处罚的证据；搜集证明危害后果严重程度的证据；搜集工人是否有参股入股、收益明显高于正常水平的证据；搜集工人是否参与出谋划策、积极实施非法排污行为的证据。第三，排他性的取证问题。在侦办本案中，污染物从产生到排入外环境的整个过程，侦查员特别注意了排除多因一果的情况，即排他性取证。即对污染走向实施细致严谨的勘查，对涉及多个污染源头、污染渠道的情况，逐一核查取证。本案中，污染源单一，污染物经沟渠流入长江的过程证据充分。对于污染物流经渠道在地下的情况，侦查员应向相关部门调取市政管网图、雨水管道图等书证。

【经验和不足】

本案侦办过程，就经验而言包括：

第一，侦查员将情报研判与大情报数据的运用充分结合，形成线索，并紧抓不放，采取视频导侦、化装侦查、蹲点守候等多种侦查措施，既运用技术，又依靠传统，为案件后续侦查与诉讼打下了坚实的基础，也为侦办电镀类非法排污案拓展了一条新的思路。

第二，紧扣法条，严密组证。本案是以司法解释中"非法排放含重金属污染物超过国家排放标准三倍以上"作为依据开展组证，对嫌疑人的讯问、采样点位的选择、排污渠道的勘查都做到了排除合理怀疑，证据充分确凿。

第三，"行刑"配合。本案经公安民警前期侦查后，联合环保执法人员共同查处污染行为。两部门执法人员在现场分工明确、沟通顺畅、及时固证，尤其是市环境监测中心在采样后第三天出具了监测报告，使案件侦办、诉讼得以顺利进行。

存在不足：

本案的现场勘查工作有两点不足：一是勘查时间是案发数日后；二是没有注意对痕迹物证的勘验。第一时间勘查现场是为了更客观地反映污染现场的客观原貌，并及时固定生产流程、排污渠道等客观证据，而事后实施勘查存在现场变动或证据遗失的隐患，难免为诉讼进程带来不可预期的障碍。环境污染现场还应对生产、排污等环节所遗留的污染物痕迹开展勘查，尽管目前还没有对污染物痕迹进行检验鉴定的技术条件，但对痕迹的勘查可以更完整地呈现出污染现场的客观状态。

（四）南岸化工有限责任公司污染环境案

【案情】

2016年3月22日22时许，某市公安局环境安全保卫总队、某区公安分局、市环境监察总队执法人员共同对位于某区的南岸化工有限责任公司进行突击查处，当场查获南岸化工有限责任公司所属车辆渝G09766罐车正通过橡胶管向公司仓库厕所内下水道排放疑似废盐酸液。经称量，南岸化工有限责任公司此次非法排放疑似废盐酸液23.92吨，后经环保局认定，此次南岸化工有限责任公司非法排放疑似废盐酸液为危险废物。经环保局对案发时南岸化工有限责任公司槽车内废液进行抽样检测，废液成分为热镀锌工艺过程中产生的废弃溶剂、助溶剂，属于国家危险废物名录中的"HW23"类含锌废物，废物代码为"346-103-23"。

经查，南岸化工有限责任公司法人张某建、主管张某友安排公司库管员张某坪等工作人员将废盐酸液由某市瑜煌电力设备制造有限公司和某市顺泰铁塔制造有限公司运回南岸化工有限责任公司仓库内，并通过外接管道的方式将废盐酸液排放至该公司仓库厕所的下水道内。2015年7月至今，张某建、张某友已经组织安排刘某等人多次非法排放废盐酸液累计达1234.9吨。公司法人张某建、主管张某友、库管员张某坪已被起诉，六名罐车驾驶员和押运员被取保候审。

【侦办过程】

本案中公安机关与环保部门对南岸化工有限责任公司倾倒现场进行查处后，其中最关键的一个环节就是固定倾倒物的来源，从而在证据上明确倾倒物的性质。通过询问与前期摸排，明确了倾倒物来自某市瑜煌电力设备制造有限公司热镀锌工艺过程中产生的废弃溶剂、助溶剂，属于国家危险废物名录中的"HW23"类含锌废物。另外，对南岸化工有限责任公司已经实施排放的废酸进行了定量。南岸化工有限责任公司被查获时，公司所属车辆渝G09766罐车正通过橡胶管向公司仓库厕所内下水道排放疑似废盐酸液，通过排放前的过磅单记录的废酸的重量减去未排放的罐车内的废酸的重量，准确计算出了南岸化工有限责任公司这次排放废酸的重量，后通过调取某市瑜煌电力设备制造有限公司和某市顺泰铁塔制造有限公司以往过磅单、出门条等书证固定南岸化工有限责任公司曾经排放废酸的重量，这对打击非法倾倒危险废物既往行为打开了突破口，明确了此类案件的取证重点。

本案在查获南岸化工有限责任公司时，现场抓获了包括罐车驾驶员和押运员的十余名公司员工，刑拘了一名仓库管理员及六名罐车驾驶员和押运员，后公司法人和实际负责人陆续到案。对南岸化工有限责任公司多次非法排放废酸的证明，是本案一个难点。检察机关在一份补充侦查提纲中提出，"补充能够证实嫌疑人多次排放废酸的证据，如目击证人的证言、视频监控、车辆GPS定位轨迹、高速路车辆过磅记录等"。此类问题在其他涉及危险废物的案件中均不同程度存在，核心就是计量。本案中的嫌疑人曾辩称：回收的废酸并不完全都倾倒，大部分通过掺杂新酸后再次进行销售。因此，仅仅调取回收废酸的出库单、过磅单等书证并不能印证嫌疑人实施了非法倾倒行为。针对上述问题，侦查人员和环保执法人员进行现场查处时第一时间获取过磅单、购销合同、账本等印证危险废物重量、去向的书证。围绕危险废物流通渠道各个环节涉及的书证、物证、证人调查取证，排除危险废物合法去向合理怀疑，并对嫌疑人的辩解作针对性的调查核实。

在侦办过程中，现场查扣的大量危险废物如何保管和先期处置是困扰办案人员的难题之一。根据《固体废物污染环境防治法》，环保部门应当是危险废物的主管部门，且危险废物的保管和处置都需要专业设备和相关资质，公安机关在依法扣押后，通报属地环保部门，加强配合协作，对于涉案危险废物进行妥善处置。

【经验与不足】

本案侦办的经验，归纳起来有如下几点：第一，在前期获得非法排放废酸的线索后，办案民警结合行业潜规则进行调查，将侦查视野扩展到整个盐酸经营、使用企业，开展经营侦查，并通过大情报、落地侦查综合研判，明确重点侦查对象；第二，为了排除同行业间消息走漏、避免串供，实现集中打击的目的，办案单位对该行业重点嫌疑对象实施串并侦查，统一跟进、同步分析，把握同步收网的最佳时机；第三，在取证的过程中，侦查员采取以重点企业消防检查的名义正面接触嫌疑对象，进入现场开展隐蔽侦查，摸清企业经营状况、人员架构关系、废酸排放位置等关键信息，拓宽了环保类案件的侦查思路。

在案件侦办中，也存在一定欠缺与不足。例如，针对嫌疑人提出部分废酸掺杂新酸出售、对所倾倒的废酸中含有重金属不明知等辩解理由应对不足，开展有针对性的核实取证效果不佳。分析其原因主要体现在：前期摸排工作出现遗漏，在不排除嫌疑人存在废酸掺杂新酸出售的行为时，应提前对购酸企业、购酸数量开展调查；对主观故意的取证过于依赖嫌疑人供述，应积极拓展思路，从嫌疑人行为表现、牟利情况、秘密倾倒方式、证人证言等多方面取证，把握住通过客观证明主观的思路，避免翻供、串供造成的被动。

## 二 破坏资源案件

（一）"河马78"挖石船非法采矿案

【案情】

2016年5月16日，民警登上"河马78"挖石船，对该船进行突击搜查，将正在非法采砂并向"津洲55"运砂船销售河砂的"河马78"挖石船及其工作人员现场查获。经查，"河马78"挖石船由杜某、张某共同出资建造经营。自2016年3月29日至5月16日止，犯罪嫌疑人杜某、张某在明知"河马78"挖石船未获得《长江河道采砂许可证》的情况下，指使船长赵某、管事刘某将该船拖移至某市江津区糖坊嘴长江河道（经实地勘测为740.05公里处），超出其中标采砂范围组织工人非法挖采、销售砂石，其间共挖采、销售河砂42388吨，非法获利1059700元，非法所得由杜某、张某二人共同所得。5月17日，某市地质矿产勘查开发局107地质队对现场查获的"津洲55"运砂船堆放的河沙进行了勘查并提交《某市江津区津洲55号运输船堆放河砂鉴定报告》，该报告经107地质队内部组织专家审查，意见为：2016年5月17日"津洲55"运砂船船舱里堆放的河砂属天然特细砂，其品质可达Ⅰ类，用于强度等级大于C60的混凝土，其属于矿产资源管理目录中的建筑用天然砂矿；堆放量为10.3立方米，折算重量为16吨，经济价值为480元/吨。杜、张二人已涉嫌非法采矿罪。

【侦查过程】

侦查员在前期线索查证的过程中，首先核实许可证资质、许可开采范围、开采河段性质（是否属于国家规划矿区、禁采区）等要件，目的是明确采砂的行为是否具有违法性，这是开展下一步侦查工作的先决条件。根据《刑法》第343条及司法解释的规定，非法采矿的行为大致可分为无证采矿、越界采矿、违反限制性条件采矿、多次非法采矿等。由此明确非法采矿的性质。

本案中，公安民警依法对非法采砂船进行查处，并在第一时间有针对性地收集了《四联送货单》3本、记账软面抄4本、交易凭证146份、《货船运输河沙登记表》2张、《船舶所有权登记证书》等证据。注重对销售书证、物证的收集。对于河道非法采砂案件，其核心证据即开采的矿产品价值或造成矿产资源破坏的价值。民警在现场对采砂船进行查处后，现场查扣的砂矿价值往往达不到入罪标准，因此，收集嫌疑人开采、销售、运输的记账凭证就显得尤为重要。同时，民警仍需要对账本或明细中涉及的购买人、运输人、销售人等相关人员开展调查取证，对客观证据一一核实固定，形成证据链。上述证据的收集均是为了下一步认定矿产品的价值打下扎实的基础。

在侦办过程中，本案犯罪嫌疑人杜某、张某到案后辩称：2013年11月，二人以杜某妻子薛某的名义通过江津区长江河道采砂招投标获得江津区白杨滩长江河道的采砂许可，当年在其挖石船进场作业时，江津区水务局工作人员划定他们的采砂范围包括了长江河道740.05公里处的区域，未明确白杨滩长江河道与糖坊嘴长江河道的界限，主观上没有非法采砂的故意，因此"河马78"挖石船在此水域作业不属于非法采砂行为。针对上述问题，办案民警向江津区水务局调取了采矿区域划分证明文件和资料，并调查询问证人30余人，印证了以下事实：2013年11月，杜某妻子薛某通过江津区长江河道采砂招投标获得的是（2013—2016年）江津区白杨滩长江河道右岸741—742.2公里处的采砂许可，控制采砂船舶为"海牛号"1艘，而涉案的"河马78"挖石船并未获得《长江河道采砂许可证》；2013年12月，"河马78"挖石船进场作业时，江津区水务局工作人员明确向杜某、张某指出，划定的采砂范围不包括糖坊嘴长江河道，且该船在2016年3月29日至5月16日期间的挖采地点（经勘测为740.05公里处）属于某市庆渝公司同时中标的另一标段范围，庆渝公司撤场后，江津区水务局于2015年12月16日将此地点划定为禁采区；"河马78"挖石船船长赵某、管事刘某进一步证实，由于在白杨滩长江河道已经无法挖采到砂石的情况下，二人受杜某、张某指使将该船拖移至糖坊嘴长江河道采砂。上述取证过程充分说明，非法采砂案件的侦查取证离不开水行政主管部门的协作，涉及行政许可、行政执法等环节的证据材料往往会成为刑事案件的关键证据。需要说明的是，目前非法采砂行为还可能存在以"合法清淤"为幌子，实则以采砂牟利的情况，办案民警需要把握住销售牟利这一关键要素，无论嫌疑人以何种合法手续作为辩解，都可通过其超范围开采、更换船只开采、销售牟利等客观行为表现印证主观上非法采矿的故意。

【经验与不足】

本案是某市公安机关侦办的第一起非法采砂案，也是某市第一起因长江河道非法采砂行为被立案侦查的刑事案件，对保护长江流域生态环境有积极作用。2003年司法解释中未明确列出非法采砂行为的性质，其中并未对河道非法采砂的行为明确定性，因此实践中，长江沿线非法采砂行为进入司法程序的很少，且适用法律方面会存在较大分歧。某市公安局成立环境安全保卫总队后，民警对这一问题进行了细致的调研论证，结合刑法、司法解释、矿产资源名录与外省市判例，厘清法律衔接适用，明确侦查取证重点环节，精准地把握了刑法条款与行政法规之间的衔接，拓宽了案件侦办思路，这是本案最大的亮点。通过对本案侦办过程的分析可知，非法采砂案件取证思路、现场查处并不复杂，公安机关只要加强与水行政主管部门的执法衔接、信息共享、协作取证、拓展线索来源、畅通案件移交,就可以取得良好战果。

本案存在的不足主要是未将砂矿的流通渠道纳入打击视野,明知是非法采矿所得的砂矿及其产生的收益,而参与转移、运输、收购、代为销售的,已经涉嫌掩饰、隐瞒犯罪所得、犯罪所得收益罪。因此针对非法采砂案件,侦查需要将思路延伸至整个砂矿流通渠道,力争打击整个链条上的违法犯罪。

(二)长江汉南煤炭洲水域非法盗采江砂案

【案情】

湖北省地处长江中下游,江河湖泊众多,砂石资源丰富。近年来,一些不法分子为牟取暴利,不惜铤而走险,在长江干线及汉江、巴河等支流河道疯狂盗采河砂,严重危害航道安全、堤防安全和生态安全,一些地方甚至因黑恶势力相互争夺采砂场而引发械斗、枪击案件,进而危害公共安全。为依法惩处非法采砂犯罪,最高法、最高检于2016年11月28日通过并公布了《关于办理非法采矿、破坏性采矿刑事案件适用法律若干问题的解释》(以下简称"两高"司法解释),首次明确非法采砂行为适用非法采矿罪进行处罚。某市公安局水上分局及时抓住有利战机,成功查破一起在长江干线盗采河砂的系列案件,为各地公安机关运用"两高"司法解释打击非法采砂犯罪提供了有益借鉴。

2017年2月24日,某市公安局水上分局通过多单位协同作战、多手段综合运用,长线经营,适时收网,成功打掉一个在长江汉南煤炭洲水域从事非法采挖、运输、销售江砂一条龙"作业"的犯罪团伙,抓获团伙成员11名,查扣涉案船舶4艘,扣押盗采江砂2600余吨,涉案金额达240余万元,破获"两高"司法解释出台后非法采砂入刑全国首案。

【案件侦办过程】

水上分局所站联勤、水陆联动,常态开展江面、岸线巡控,全面收集水域水情、砂情、渔情等情报信息。通过为期一个多月的摸排,初步摸清了长江汉南水域非法采砂活动规律,并锁定一艘在汉南水域活动非常频繁的采砂船"赣九江货1215号",怀疑其后还隐藏着一条完整的盗采、运输、销售链条。对此,分局高度重视,成立了由分管副局长负责,治安、刑侦、派出所、检查站等单位参加的工作专班,要求对相关案情深度研判、精心经营、适时抓捕、严厉打击,绝不让非法采砂活动沉渣泛起,影响"长江主轴"建设大局。

2017年2月23日，情报显示有采砂船将于当天夜间前往煤炭洲水域进行采砂作业。当晚22时，水上分局组织警力前往事发水域布控。24日1时许，公安执法船闭灯夜航至煤炭洲水域，发现涉案船舶正在盗采作业。经在周边密拍取证后，民警迅速登船控制6名涉案人员，并在该船船长住舱内查获账簿一本。经突审，涉案人员如实交代了销赃渠道、收赃人员。民警顺线侦查，迅速出击，于同日在长江簰洲湾大嘴水域将涉嫌过驳、收购、运输的过驳船查获，控制违法犯罪人员3名，查扣江砂2500余吨；于次日查获另一吊机船。至此，水上分局共组织15个参战单位的60余名干警，经过三天三夜连续作战，将涉嫌非法采挖、运输、销售的4艘船舶、11名涉案人员，全部抓获、查扣到位。

案发后，分局领导赶赴办案单位，及时抽调相关所、队、站警力，成立工作专班，有序开展办案、审查工作。一是依法讯问11名犯罪嫌疑人，查清基本犯罪事实、基本组织架构、人员分工。二是追查涉案船舶来源，查证有无船舶证书、采砂许可证等资质情况。三是协调水务、国土、物价、船检、航道等部门，抓紧对禁采区域、采砂资质、船舶手续、砂石价值、行为危害等方面进行界定、鉴定、认定，进一步锁定非法采砂的犯罪事实。四是迅速组织力量，查封犯罪嫌疑人账号，厘清非法交易资金明细，佐证犯罪事实。经查，王某兵（男，50岁，某市汉南区人）、张某运（男，54岁，某市汉南区人）、江某红（男，51岁，某市汉南区人）等人于2013年1月共同出资130余万元购买采砂船，自2014年3月起聘请船长、水手在长江汉南水域开展非法采砂活动。盗采过程中逐步形成采挖、过驳、收购、运输、外销的"一条龙"犯罪链条。仅从2016年3月以来，就非法采砂作业98次，盗采江砂近6万吨，价值240余万元。

【经验】

通过侦办此案，积累了涉砂案件办理经验，有效打击震慑了长江水域非法采砂活动。一是积累了办案经验。此案是水上分局侦破的首起非法采砂入刑案件。分局按照"边办案，边实践"思路，全力组织开展案件侦办工作。法制大队全程参与，学习有关法律法规，研究外地案例，指导办案民警不断收集完善各项证据；召开案件碰头会，掌握案件进展情况，明确下一步侦查思路和重点，并做好防泄密安全教育；积极联系矿产、河道、物价、水务等部门，对禁采区、江砂类型、江砂价值、盗采行为进行鉴定、认定；建立与检察机关沟通机制，共同研究"两高"关于非法采矿罪的司法解释，准确定罪，明确侦办方向；协调轮渡公司，解决扣押船舶停靠问题。二是形成了有效法律震慑。在"两高"司法解释前，非法采砂入刑较难，公安机关往往在配合水务部门执法后，将涉嫌非法采砂人员和船舶交其行政处罚。在巨大利益面前，较低的违法成本无法让其停止非法采砂行为，相反为了弥补损失，继而变本加厉地盗采。分局成功侦破该案后，有效打击震慑了长江武汉段非法采砂活动。根据全市岸线综合整治会通报情况，长江武汉段非法采砂活动杜绝，非法采砂活动向外市转移。三是建立了长效机制。分局巡防检查站、沿江派出所和水务、海事部门建立联勤机制，定期在重点水域开展巡查。同时，与相关行政执法部门、涉水单位建立联合办案机制，明确执法职责分工，落实执法力量、执法船艇、执法场地（主要用于扣押违法船只），以打促管，以打促建，以打促安，实现法制效果与社会效果有机统一。

# 结语　在国家治理中探寻一条护卫环境安全与秩序的路

环境安全与秩序是国家环境治理目标的应有之义。环境安全与秩序乃国家安全与社会公共秩序的重要组成部分。现代社会条件下，作为非传统国家安全，环境安全日益受到关注。因为环境安全已经成为影响社会进步甚至国家存亡的重要因素。在环境法治的视野下，警察执法生态化是因应生态文明社会建设的必然结果，也体现了我国警务发展的趋势与变革。从环境保护的视角看，它是凭借了警察机关及警察权所特有的强制功能去达到维护环境秩序、保卫环境安全的目的。在当今国家生态文明建设这一宏大乐章中，协商、激励、广泛参与、共同合作是主旋律，而强制也是其中不可缺少的音符。

构建我国环境警察制度是警察执法生态化的具体体现。只有制度化，才能常态化。我国生态文明建设中需要警察的常态化执法。作为一种制度，环境警察制度具有客观性与主观性。在我国当下环境治理的大势之下，环境警察制度在国家环境监管体制之中居于不可或缺的地位。同时它也是近年来环境司法专门化趋势中的重要内容。在实践中，警察权在环境保护中的作用发挥已为世人所见。这无论在国外抑或国内都已成为不争的事实。问题的关键在于如何发挥警察权这柄"双刃剑"在环境警察制度架构中的积极作用，排除可能产生的消极作用。这一方面需要通过制度的可设计性来加以实现，另一方面则要通过对权力的监督与制约加以防范。

环境警察制度作为一种法治社会中环境治理的强制性制度，将不再为人们疑惑和排斥，并必将在国家环境治理中发挥无以替代的作用。

# 参考文献

《现代汉语词典》（第五版），商务印书馆2006年版。

《辞海》（上），上海辞书出版社2009年版。

《马克思恩格斯选集》（第四卷），人民出版社1972年版。

［美］罗伯特·兰沃西、劳伦斯·特拉维斯：《什么是警察——美国的经验》，尤小文译，群众出版社2004年版。

［美］塞缪尔·沃克：《美国警察》，公共安全研究所外警研究室译，群众出版社1989年版。

邓正来主编：《布莱克维尔政治学百科全书》，中国政法大学出版社1992年版。

［德］马克斯·韦伯：《经济与社会》（上卷），林荣远译，商务印书馆1997年版。

［日］植草益：《微观规制经济学》，朱绍文等译，中国发展出版社1992年版。

［日］金泽良雄：《经济法概论》，满达人译，甘肃人民出版社1985年版。

李挚萍：《环境法的新发展——管制与民主之互动》，人民法院出版社2006年版。

鄢斌：《社会变迁中的环境法》，华中科技大学出版社2008年版。

陈慈阳：《环境法总论》，中国政法大学出版社2003年版。

蔡守秋：《环境秩序与环境效率》，《河海大学学报》2005年第12期。

［美］博登海默：《法理学——法律哲学与法律方法》，邓正来译，中国政法大学出版社2004年版。

［美］布坎南：《自由、市场与国家》，平新乔等译，生活·读书·新知三联书店1989年版。

王均平：《安全，还是秩序》，《中国人民公安大学学报》（社会科学版）2009 年第 6 期。

侯怀霞：《私法上的环境权及其救济问题研究》，复旦大学出版社 2011 年版。

吕忠梅：《环境法学》，法律出版社 2004 年版。

吕忠梅：《论公民的环境权》，《法学研究》1995 年第 6 期。

侯怀霞：《私法上的环境权及其救济问题研究》，复旦大学出版社 2011 年版。

谢邦宇：《罗马法》，北京大学出版社 1990 年版。

邢捷：《公安行政执法权理论与实践》，中国人民公安大学出版社 2009 年版。

[德] 马丁·耶内克、克劳斯·雅各布主编：《全球视野下的环境管治：生态与政治现代化的新方法》，李慧明、李昕蕾译，山东大学出版社 2012 年版。

张彩凤：《警察与法律》，中国人民公安大学出版社 2013 年版。

高文英：《我国社会转型时期的警察权配置问题研究》，群众出版社 2012 年版。

[美] 约翰·罗尔斯：《政治自由主义》，万俊人译，江苏译林出版社 2000 年版。

邢捷：《论我国环境警察制度的构建》，《中国人民公安大学学报》（社会科学版）2012 年第 2 期。

[英] 卡尔·波普：《开放社会及其敌人》，陆衡等译，中国社会科学出版社 1999 年版。

[美] 道格拉斯·C. 诺斯：《制度、制度变迁与经济绩效》，杭行译，韦森审校，上海三联书店 1994 年版。

[英] 简·汉考克：《环境人权：权力、伦理与法律》，李隼译，重庆出版社 2007 年版。

宋万年等主编：《外国警察百科全书》，中国人民公安大学出版社 2002 年版。

周生贤：《中国特色生态文明建设的理论创新和实践》，《求是》2012 年第 10 期。

皮纯协：《国家赔偿法释论》，中国法制出版社 2010 年版。

彭峰：《环境法律制度比较研究》，法律出版社2013年版。

瞿同祖：《中国法律与中国社会》，中华书局2003年版。

戚建刚：《中国行政应急法学》，清华大学出版社2013年版。

邱华君：《警察学通论》，台湾茂昌图书有限公司1991年版。

秦谱德等：《生态社会学》，社会科学文献出版社2013年版。

沈宗灵：《法理学》，北京大学出版社2009年版。

沈岿：《风险规制与行政法新发展》，法律出版社2013年版。

［美］施瓦茨：《行政法》，徐炳译，群众出版社1986年版。

师维：《警察法若干问题研究》，中国人民公安大学出版社2012年版。

石佑启、杨治坤：《论部门行政职权相对集中》，人民出版社2012年版。

宋远升：《警察论》，法律出版社2013年版。

［美］斯图尔特：《美国行政法的重构》，沈岿译，商务印书馆2002年版。

松井茂：《警察学纲要》，吴石译，中国政法大学出版社2005年版。

沈承祖：《公安行政法学》，浙江大学出版社2006年版。

王树义等：《环境法前沿问题研究》，科学出版社2012年版。

王树义：《俄罗斯生态法》，武汉大学出版社2001年版。

王树义主编：《可持续发展与中国环境法治》，科学出版社2005年版。

王名扬：《比较行政法》，北京大学出版社2006年版。

王学辉等：《行政权研究》，中国检察出版社2002年版。

王大伟：《英美警察科学》，中国人民公安大学出版社1995年版。

王伟光：《利益论》，中国社会科学出版社2010年版。

辛鸣：《哲学视野中的制度本质》，《中共中央党校学报》2004年8月。

［古罗马］西塞罗：《国家篇、法律篇》，沈叔平、苏力译，商务印书馆1999年版。

谢闻歌：《英美现代警察探源及其社会调控职能透析》，《世界历史》2000年6月。

信春鹰主编：《中华人民共和国行政强制法释义》，法律出版社2011

年版。

徐文新：《警政革新与警察裁量权之规范》，博士学位论文，中国政法大学，2007年。

薛波主编：《元照英美法词典》，法律出版社2003年版。

薛刚凌：《行政诉权研究》，华文出版社1999年版。

谢邦宇：《罗马法》，北京大学出版社1990年版。

许韬等：《中外警察法学比较研究》，中国检察出版社2009年版。

夏菲：《论英国警察权的变迁》，法律出版社2011年版。

徐武生、高文英：《警察法学理论研究综述》，中国人民公安大学出版社2013年版。

杨解君：《可持续发展与行政法关系研究》，法律出版社2008年版。

杨仁寿：《法学方法论》，中国政法大学出版社2013年版。

袁东：《权限与权威：私权与公权的经济学思考》，经济科学出版社2007年版。

张强：《法治视野下的警察权》，博士学位论文，吉林大学，2005年。

张树义：《改革与重构——改革背景下的中国行政法理念》，中国政法大学出版社2002年版。

张越：《英国行政法》，中国政法大学出版社2004年版。

章光明等：《现代警政：理论与实务》，台湾扬智文化事业股份有限公司2003年版。

中国警察学会编著：《中国警察法学》，群众出版社2002年版。

曾建平：《环境公正》，社会科学文献出版社2013年版。

卓泽渊：《法治国家论》，法律出版社2008年版。

N. Luhmann, *Ecological Communication*, Chicago: University of Chicago Press, 1989.

Aaronson D. E., Dienes C. T., Musheno M. C., *Public Policy and Police Discretion*, Clark Boardman Company Ltd., 1984.

Bichler G., *Maritime Crime. Mangai Natarajan. International Crime and Justice*, New York: Cambridge University Press, 2011.

Brewer J. D., *The Police, Public Order and the State*, London: Macmillan Press, 1988.

Broderick J. J., *Police in a Time of Change*, Waveland Press Inc., 1987.

Davis, Kenneth Culp, *Discretionary Justice: A Preliminary Inquiry*, University of Illinois Press, 1971.

Fielding N. G., *The Police and Social Conflict*, Glass House Press, 2005.

Robilliard S. A., McEwan J., *Police Powers and the Individual*, Basil Blackwell, 1986.

Schuck, Peter H., *Foundations of Administrative Law*, 2nd ed., New York: Foundation Press, 2003.

Wadding D. P., *Policing Public Disorder Theory and Practice*, Willan Publishing, 2007.

# 后 记

警察在国家环境治理中应该发挥什么作用，在国家生态安全与秩序维护中扮演怎样的角色，是我在公安大学讲授环境法课程后开始思考的问题。十二年前有幸拜于武汉大学王树义教授门下，得益于恩师的启发，仍不断思考着这一问题。记得2008年我在《环境保护》期刊上发了一篇小文——《论公安机关在我国环境保护中的地位和作用》，算是这一思考的初始标志吧。恍然间已是十余年，这期间我以与本书同名的博士学位论文完成了在武汉大学环境法所环境与资源法学专业的学习。在学习过程中有关环境警察权与生态法治建设的关联一直是我苦苦求解的问题。

近年来，随着我国生态法治建设的发展，以及环境司法专门化理论研究与实践的深入展开，站在国家生态文明建设的高度，环境警察制度的系统研究及实际推行已是刻不容缓。十多年的实践证明，哪里地方政府在环境治理上重视发挥警察权的作用，哪里的环境违法与犯罪问题就能够得到较大程度的遏制。实践中的积极探索及其成就倒逼环境警察的理论研究及制度设计。在此情势之下，我先后主持完成了国家社科基金项目"中国环境法治视野下环境警察制度构建研究"、中国法学会重点委托项目"生态法治建设与警察权研究"、中国法学会法学理论研究项目"生态文明建设中警察执法问题研究""环境警察执法机制研究"等，与此同时在《学习时报》《法制日报》《人民公安报》等报刊上就环境警察制度构建与实施的意义撰文，试图初步形成系统化研究。在恩师的一再督促下，近两年我又翻出先前的博士学位论文，并在此基础上结合近年国内在此方面的理论、实践、立法的新发展，重新进行了结构调整及内容增删，形成这本专著。希望这本书的出版能够引起对涉及环境与资源保护的公安执法专业化、专门化建设的应有关注。在我看来，公安机关的环境安全保卫不管还有多少曲折和艰难，最终必将走上专门化的道路。而环境警察制度便是这种专门化的具体设计与体现。

记得在我通过博士学位论文答辩后，恩师王树义教授多次跟我提起要尽快将论文整理并出版。惭愧的是基于自我的各种理由，使得本书的出版一拖再拖。最终还是得到了王老师的推荐和资助纳入国家 2011 司法文明协同创新中心和最高人民法院环境资源司法理论研究基地（武汉大学）共同推出的《环境司法文库》。在此，我要向恩师表示衷心感谢！

　　就此搁笔了，心中蓦然产生些许惆怅与不甘。惆怅于书中尚有许多不足之处，不甘于还有不少制度性与实践性问题尚待深入研究。环境警察制度的探索不会以此书的出版而停止，相反，我更宁愿相信它是一个新的起点。

邢捷

2019 年初秋于北京中体奥林匹克花园